難搞的愛情不難懂

資深婚姻諮商/伴侶治療專家
解答她與他的煩惱

林蕙瑛博士 ◎著

目錄

C·O·N·T·E·N·T·S

目錄

C·O·N·T·E·N·T·S

目錄

C·O·N·T·E·N·T·S

PART II

他的煩惱

目錄

C·O·N·T·E·N·T·S

推薦序

無論是自己寫作的過程，還是閱讀別人創作心血的時候，我都深深覺得，作者可以做到自己所寫的內容，是一件非常不簡單的事情，而蕙瑛老師就是少數中的少數，可以「書寫」跟「行為」一致，我總是能夠從她身上學習到對學生的熱忱，對專業的熱愛，對感情的智慧。每次看蕙瑛老師對愛情議題的說明、詮釋、解答，都可以得到很多收穫，有時候自己在諮商時遇到當事人難解的感情狀況，我也會參考一下蕙瑛老師專業的看法，增進自己諮商的廣度與厚度。

在《難搞的愛情不難懂》這本書中，有一百多個各種不同狀況的難搞愛情提問，都是諮商的過程中很多人會遇到的兩難情境，當事人常常會因「理智」與「情感」互相拉扯，而無法做出抉擇，蕙瑛老師在書中對每個案例都立刻點出「真正的關鍵點」，值得大家細細思考，深入覺察自己的感情需求，以及未來可能會面對的戀愛結果，再為自己做出最適合的選擇。

此外，蕙瑛老師也以專業的角度提點大家，在感情中要如何觀察對方的行為模式，才能為自己選擇適合的戀愛人選，像是〈男友愛撒謊，我擔心他還和其他女生交往〉，就是很多人會苦惱的狀況，蕙瑛老師引導大家觀察的重點「三個月的交往還有很多可深入了解的空間，見面時聽他談談工作情形，了解他是否積極敬業、腳踏實地，也要從小地方來觀察他的為人，了解他的個性，不光是看妳欣賞他的地方，他的缺點也得正視，再衡量是否超出常理或是妳無法包容的範圍，所以請用眼睛看、用心觀察一陣子，才知道此君是否合適談戀愛。」很值得大家參考。

我也很佩服蕙瑛老師處理「三角關係」的智慧，譬如在〈夾在單親媽與男友之間，真是左右為難〉這篇中，蕙瑛老師的專業見解是「未結婚前與母親同住也是理所當然，只是心理上及情緒上應自原生家庭分化出來，也就是說母女雖共有家庭生活，但還是該有各人的生活，互相尊重互不干涉，因此妳得學習分化，區隔母女之間的人際界線，同時也要明白向男友表示，妳與母親的關係自己會處理。」簡單清楚就化解了難搞的親情與愛情難題。

再者，〈同居那麼久，不想一直扮演沒有名份的「妻子」〉這篇也讓我很有感覺，現在很多伴侶都選擇同居一起生活，但是，同居後會遇到的各種磨合並不比結婚少，但是雙方心理的準備卻少很多，蕙瑛老師的提醒「隨著年齡增長及同居時間增加，同居已不能滿足妳，妳渴望結婚，當慾望未獲回應或實現時，妳會有挫折感，又加上朋友也認為應該結婚了，妳的情緒在內心波動，雖說是耐心等待，其實是礙於顏面不肯先提，心中已經對男友有怨氣了，自己的情緒也受到影響，產生焦慮感，如果再拖下去，對自己心情及健康都不好，兩人關係也會有負面作用。」真的很受用。

這本書中的每個提問，都是很常見的感情煩惱，相信大家看了蕙瑛老師的解答，都能有所收穫，學習從愛情中成長。

林萃芬（松德精神科診所諮商心理師、知名作家）

自序

我在大學任教，開設的是「性別互動與愛情」通識課程，其實就是一門愛情心理學。我聽過、見過、也處理過男女同學的感情困擾。我是婚姻家庭治療師及性諮商師，做過婚前輔導，也諮商過社會男女的戀愛問題。我也曾在《自由時報》寫了31年Q&A專欄，不只是年輕人，中壯年男女，不論一度單身或二度單身，都會寫信來分享他/她的疑惑或痛苦，尋求諮詢。不同年齡層，不同婚姻狀況（單身、同居、離婚、鰥寡的人），只要是單身都可以談戀愛，然而學生時代的戀情畢竟單純得多，雖然年輕成人劈腿及分手的比例並不算少。

大學生談戀愛很普遍，甚至可以說是風氣。不論是男女、男男或女女，有小部分是個人自信心的缺乏，大部分都是人際關係議題，約略可分為告白、劈腿、分手三大類，反映出大學時代的戀愛甘苦與歷程。男女同學多憑自己對愛情的憧憬行事，好感累積成情愫，就認定對方是最愛。熱情過後才發現兩人之間有些問題存在，不知如何處理。到最後，也許是和平分手或因劈腿而分手，各人心裡都不好過，多少有點陰影，自信心受挫，也可能會影響下一段戀情。

其實大學生談戀愛是人際關係的練習，生活中除了家庭、同學及朋友外，又多了男女（男男、女女）戀愛關係，在彼此欣賞喜愛的互動中，認識對方，學習相處，且共同享受約會的樂趣。倘若雙方能夠一起成長，則容易走下去；若因了解而分開，會因痛定思痛而成長成熟。

而社會男女交往，熱戀期過後也是一大堆問題出現。大學生的感情困擾，如遠距戀情、花心、劈腿、性事等一樣都會有，再加上家庭背景、個性不合、父母親意見、宗教信仰、對方態度曖昧不明、事業野心、與前任藕斷絲連、戀情不公開，還不想結婚等等，每個人的需求與期待均不相同，造成互動關係品質下降，爭執、吵架、冷戰，乃至萌生分手念頭。基於對自己投入的感情、心力與時間之不捨，總是痛苦地在去留之間掙扎，很少會先考慮如何做才是對自己最有利。

佩蒂・布萊登博士（Dr. Patti Britton），美國著名的治療師，目前在洛杉磯執業，她在《不要讓床冷掉》（The Art of Sex Coach）一書中主張在性愛感情婚姻問題中「你有三個選擇，想像打開門來讓你做選擇，你必須選擇一扇門。」第一扇門，你什麼事也不做：感情沒有不變的，有如逆水行舟，不進則退，如果什麼事都不做，遲早會分手收場，心碎難堪；第二扇門，努力來改變關係：邀請男女朋友/伴侶加入改變的歷程，一起努力；第三扇門，結束或離開此關係。當事人，也就是主訴求者必須選擇，沒有人能為他/她做選擇。

本書從婚姻諮商/伴侶治療的觀點來與讀者分享，在感情世界中，如何自認知、情緒及行為三方面來克服困難，改變卡住的關係，盡量造成雙贏的局面，至少也可以保護自己，將傷害減到最低。

在此我要感謝《自由時報》的專欄讀者，匿名來信，每個案例都是真實的個人經驗，我都仔細閱讀，以同理心走進他/她的感情世界，感受其疑惑或傷痛，找出真正的問題，鼓勵個人或雙方打開「第二扇門」，引導思考，反思自我、檢討關係、學習溝通、觸發自我了解及自我成長，並教導磨合的方法，其中以溝通為首要。雖說每個人或每對伴侶的情況不同，但問題的核心還是大同小異，閱讀他人的實例，可提供讀者參考、促進思考，並舉一反三。

感謝金塊文化余素珠總編輯的精心策劃及編排，前《張老師月刊》主編高惠琳提供出書諮詢及恆久的支持，還有我的助理陳昱安心理師的打字、整理及支持。因為你們這些貴人，這一本紙上諮詢的應用心理書冊才得以誕生。謝謝你們。

另外，謹以此書獻給我過世的父母親，您們一向對於我的出書感到歡欣驕傲。謝謝爸爸媽媽！

林蕙瑛 二〇二三・五・二

PART
I
她的疑惑

1 男友父母很傳統，一定要他找個有相同宗教信仰的女生

一年前認識M，來自很虔誠的一貫道家庭，自小吃素，而我是無神論主義者，什麼都吃。他長得帥，有學問且修養好，也很喜歡我，我們很快地成為男女朋友。為了他，我們約會時去素食餐館或是葷素皆有的大餐廳，相處融洽且談得來，我覺得他是我的真命天子。

但回到現實面，他說父母很傳統，一定要找與他有相同宗教信仰的女生，雖然他以前的女友是教友，卻嬌生慣養經常辱罵他，是他主動提分手的。他說父母如果知道他和我在一起必有家庭風暴，所以我們只能維持地下情，無法向任何人公開。我不想逼他做決定，但我很想要一段可以公開被祝福的關係，請問我是否該放棄任何跟他永結同心的可能性？

專家來解答

虔誠信教的家庭，信仰與飲食習慣已成為家庭教育及生活的一部分，所以男友受家庭的影響極大，而妳對他而言則是生活以外的新世界，與他的背景如此不同，你們被彼此的差異互相吸引，加上正好有一些共同興趣及話題，情不自禁地進入男女朋友關係，享受約會的甜美。

妳在戀愛之餘深深感受到男友的家庭壓力，他不能也不敢違抗父母，那對他而言就是在違背宗教，但又捨不得這份戀情，所以就拖一天算一天，到了不得已那一日可能就黯然別離，回到他的世界裡去了。夫妻若能尊重各自信仰，還是有希望婚姻幸福的，但婚前交往時你倆就對宗教這一塊避而不談，既沒有溝通也未尋求妥協，加上他的家庭壓力實在太大了，讓妳看到未來的不可能性。

男友並未去爭取，反而將妳「埋」於地下，也許他太忠於信仰，愛宗教愛家庭，或是還不夠成熟。總之，他並不是妳的真命天子，妳要有心理準備，這份戀情不會有結果。因此妳可以提分手，另找真命天子，或者繼續交往，因了解彼此不合適而轉換成友誼關係。

2 男友不喜歡我朋友，要我們斷交

大二時加入社團，與A編入同組，寫了很多工作計劃並督促執行，我倆很有默契，也就成了好朋友。大三下認識B，是籃球校隊，很多女生追，獨鍾情於我，於是我們開始約會成為男女朋友。他對我很好，事事以我為先，處處想要保護我，但他卻不喜歡A，也不喜歡我經常跟A見面一起做事。

男友並非吃醋，因為他知道我對A無情愫，單純不喜歡這個人，他已說過三次要我與A斷絕往來，因為他經常看到我與A在搞社團，很難過很不舒服。我不知跟他說過多少次這樣做是不理性的，他就是不聽。請問我該如何平衡這兩份關係？

專家來解答

男友相當有男子氣概，一心想要保護妳，妳也很享受他的照顧，只是他如果真愛妳，應該尊重妳的喜樂，妳如此重視與A的友誼，他卻要妳與A斷交，僅因他不喜歡這個人，這不是強人所難嗎？妳如何向A開口，又如何面對社團呢？男友的照顧與保護已經近乎控制，但妳不是他的附屬品，有自己的主見及生活，無法事事順從他，只因為有感情，不想也不敢忤逆他，非常為難。

妳可以問問社團其他同學他們如何看待A，也可問問A班上及妳班上同學對他印象如何，甚至問問妳的家人，如果他曾經去過妳家玩。如果大部分的人對A的評價都不錯，就表示他不是一個令人討厭的人，問題可能出在妳男友。他不喜歡A是他個人感覺，也是偏見，但A是妳的朋友，兩人相待以禮，又沒對妳或對他做出什麼錯事，男友無權要求妳不要跟A來往，否則以後任何與妳有關而他認為不順心之事，他都會要求妳聽他的，到最後妳變成孤立無友，生活中就只有男友一人，妳不會快樂的。因此求取平衡之道就是放棄男友保有朋友，因為男友可以再交，真正的友誼則長存。

3 男友愛撒謊，我擔心他還和其他女生交往

我28歲，男友34歲，才交往三個月，最近有點擔心我是否交了個愛撒謊的男人，雖然他沒有特別針對我的謊言，但我親耳聽到他對別人撒謊。前妻打電話給他，他總是騙說正在忙公事，草草掛掉；老闆交代事情他找藉口逃掉，還假裝生病不去上大夜班；約會遲到他說是下班晚了，我懷疑他是否也同樣對我撒謊。

另外，他編謊話告訴前妻我是他同事，我擔心他還和其他女生交往？請問是我想太多嗎？我擔心如果直接問他，他會否認且會變得偷偷摸摸？

專家來解答

妳男友一碰到說真話會尷尬或不方便時就反射性地撒謊，所以妳就假設他此行為會延伸到妳身上。找藉口掛前妻電話是可以理解的，很多前夫前妻的關係都不好，但上班做事編謊話則是另一回事。34歲的男人是否應該熱愛他的工作，投入心力打拼事業？

三個月的交往還有很多可深入了解的空間，見面時聽他談談工作情形，了解他是否積極敬業、腳踏實地，也要從小地方來觀察他的為人，了解他的個性，不光是看妳欣賞的地方，缺點也得正視，再衡量是否超出常理或是妳無法包容的範圍，所以請用眼睛看、用心觀察一陣子，才知道此君是否合適談戀愛。

如果妳決意要與男友進入深層的感情關係，妳就得有勇氣與男友討論任何與你倆有關的事。既然要成為情侶，兩人就得交心，無所不談，互相關心與信任，彼此了解對方的喜惡，儘量以對方為優先，雙方同等付出感情才會穩固。如果妳害怕討論，會令男友的行為更糟，那妳就永遠不可能了解他，走不進他的心裡，感情會變成操之在他，一份不平衡的關係是難以持久的。

4 夾在單親媽媽與男友之間，真是左右為難

32歲的我與同年的D已交往一年半，我們是在一次教會聯誼中認識的。我和單親媽媽同住，他家住在車程40分鐘的台北近郊，我們每星期見面一次。我家人不贊同他，認為他信教不夠虔誠，但我知道他心是向著主的，我媽老式保守，對男友不信任，說他來我家不夠勤，也從不跟他說心裡話。

男友則認為我媽在控制我的生活，說我早已成年，她干涉我太多了，我必須採取應對。而我媽是擔心我會步她後塵，為了男人脫離家庭。我害怕母親會橫在我們中間，阻礙我的獨立，而把責任都怪在男友身上。唉，我真是煩死了！

專家來解答

母女相依為命多年，感情必是很緊密，現在妳有了知心男友，在家的時間減少，不再每件事都和母親分享，她有失落感，也害怕妳婚後會遠離她，從她對妳男友的態度來看，她也知道以後不可能同住。為了抓住安全感，她想要妳聽她的話，在男友眼中則是母親想要控制妳且排斥他，他為了自己也為了妳感到不平，但他並不能完全體會妳母親的心情。

妳雖已32歲，未結婚前與母親同住也是理所當然，只是心理上及情緒上應自原生家庭分化出來，也就是說母女雖共有家庭生活，但還是該有各人的私生活，互相尊重互不干涉，因此妳得學習分化，區隔母女之間的人際界線，同時也要明白地向男友表示，妳與母親的關係自己會處理。

妳可以向母親直言，有聽到她對男友的想法，但請她以後不要再批評，因為不是媽媽在交往，是女兒在交往對象。也不妨向男友坦言，如果他能主動多親近妳的母親，三人的關係將會順暢些，這個部分就要由他自己努力了。另外，也要帶領及鼓勵媽媽多和教會的教友互動，也和親友們常來往，發展屬於她自己的私生活。

5 對象腳踏兩條船，要繼續這份關係還是離開他？

我是28歲單身上班族，工作很忙，經常加班，且我不喜歡到人多嘈雜的地方，所以沒什麼機會認識男生。去年聖誕節到同事家聚餐，認識他太太的遠親，他送我回家，正好是彰化同鄉，所以我邀他上來我住處喝酒聊天，結果我們就上床了。

此後我們每天講Line，也聊視訊，感情加溫，但僅止於此，因為他說他對另個女生有感情。他說對我不是沒有愛，但沒有浪漫情愫，少了激情。下個月初他約我見面，我不小心自同事口中聽說他和那個有感覺的女生已進展到肉體關係，我很難過，不知是要繼續這份關係還是離開他？

專家來解答

妳與此君同鄉，本來就有親切感，加上又有一夜情，妳內心已認定他是妳男友，每天線上聊天抒發相思排解寂寞，當他告訴妳有個傾心女性，又說對妳沒激情卻不是不愛，妳完全聽他的片面之詞，認為他很誠實，於是一心一意守著這份線上情。其實他話裡的意思是妳不夠浪漫，不足以吸引他成為妳的固定男友。

妳必會納悶，那他為何幾個月來都和妳保持聯繫？也就因為妳是同鄉，雖然一夜情並沒有留給他眷戀，他還是感覺出妳的純樸與真心，有這樣一個傻女孩聊聊天或當備胎，他沒什麼損失，反正已經跟妳說明白了，妳也願意繼續與他線上談情，所以應該不會有麻煩。此君根本不懂妳的心，也沒替妳著想，你們的世界只有Line就夠了。他之所以約妳見面想必是應妳多次要求，倘若見面了還只是一夜性，那妳就是被利用了。

男女交往得出於真誠且互相尊重、關心、支持，更重要的是分享生活中的真實對話與臨場互動，才能有心靈上的連結，幫助愛情滋長。只在網路上談性說愛是空虛不可靠的。因此，不要藉口加班忙碌或不喜歡人多，妳要正視自己有親密關係的需求，走出去交朋友，但記得先將此君的Line刪除。

6

複雜的多角關係，哪個才是我的真命天子？

A男台大畢業，我很欣賞他說話的內涵及對時事關心的積極度，我們經常出遊，我越來越喜歡他，只是他有個已交往兩年的女友B女，近期關係不佳是因為B女另交往C男，且經常約會。但A男沒打算分手，總會在B女去找C男時來找我，甚至跟我過夜發生關係。

A男直說要我不要花時間心力在他身上，他要等B女回來，等她和C男分手後繼續維持感情。由於種種不確定，我很沒安全感，想跟一直寫信給我的F男交往，但他並不是我喜歡的類型，只是被愛好像比愛人幸福吧！怎麼辦，我好煩哦！

專家來解答

妳跟A男相處久了就越陷越深，他在平日感情順遂時視妳為好友，而現在女友劈腿，他還是找你這位好友談天說心事，妳必是個好的聆聽者。他當然也寂寞，而妳對他的人際界線又很模糊，夜深時兩人單獨相處，情緒高漲自然就發生關係了。妳以為是感情更上一層樓，他卻認為是互相慰藉，完全不同調。

A男也知道妳喜歡他，但是怕妳真的愛上他，所以直言不諱，要等B女回心轉意。妳一方面相信他的話，一方面又私下企盼他會放棄B女，一顆心總是七上八下，這樣怎麼會快樂呢？B女用情不專，不見得會回到A男身邊，當他遍體鱗傷時必會來找妳尋求慰藉，兩人關係有可能會緊密一陣子，但除非他能除去B女的影子真正愛上妳，否則妳只是他的安慰與陪伴，這樣的關係缺乏堅固的基礎，也不是你所期盼的。

如果妳先認定自己並不喜歡F男，只想享受被愛，與他交往對他很不公平，妳自己也不會快樂，相愛的兩個人必須都願意為對方付出，而不是只求對方付出。如果妳想給自己及F男一個機會，那就真心誠意對待他，先以朋友交往，不合適當伴侶則還是普通朋友，不試試看怎麼會知道結果呢？

7 老是喜歡批評別人，這樣的人可以交往嗎？

我在修車廠當會計，修車師傅都很年輕，好幾位都對我有意思。有兩人談吐粗俗，有一位長相我不喜歡，倒是24歲的K娃娃臉，話多人也活潑，我們出去過三次，都是在咖啡廳用簡餐，可以感覺出他蠻在乎我的。

只是有一件事很奇怪，他喜歡批評餐廳服務生的穿著，不論是便服還是制服，例如，「妳的襯衫看起來很貴，一定賺不少錢吧！」、「你們的制服有夠醜，不知道是誰設計的？」等，我聽了很不好意思。我覺得他不尊重人，幸好這些人只是一笑置之。我請他不要這樣說，他說沒關係，這樣的人我可以跟他交往嗎？

專家來解答

妳是情竇初開的年輕女孩，交男友總得交個自己看順眼、相處自在又尊重妳的人，所以妳試著跟K交往，感受兩人的互動，觀察他的言行舉止。幾次在餐廳妳都眼見他拿服務生的衣著開玩笑，妳不喜歡聽這些話，覺得他不尊重人，其實這也不算不尊重，只是沒必要說這些話。

妳也不必覺得窘迫，這些服務生都是訓練過的，顧客至上，對於無聊話一笑置之，當然是希望客人再度光臨。妳說K「話多人也活潑」，這就是他的個性，喜歡與人瞎扯。你們才出去過三次，且都是在餐廳裡，如果妳只是不喜歡他這個部分，下次約會可以去不同的地方，在不同場合或活動再觀察他的行為舉止。如果他的優點多於缺點，妳還是可以試著與他交往，也看看自己能夠包容他多少缺點。

現在還只是互相了解的交友階段，妳要客氣地以禮相待，避免進展太快，但也享受彼此相處的時間，以後才可進可退。兩人總要有一段時間來學習溝通、協調，能夠更進一步是好事，因了解而成為普通朋友亦是好事，因不合適而分開則是慶幸。

8

相戀三年，每次約會除了吃飯、看電影、上床，沒點別的！

我26歲，研究生，與男友相戀三年。感情穩定後才發現我倆共同興趣不多，他的唯二嗜好是運動及看體育節目，而我有很多嗜好且生性好奇喜歡學習。每次約會除了吃飯、看電影、上床，我想跟他談點別的，他覺得沒什麼好談的。

我逐漸感到與能提升我知識的人在一起是很重要的，我想要在專業及個人/社交生活中成長，到底是我要求太多，還是我在「男唱女隨」方面做得不夠？我知道自己並不完美，也許我錯在未能在兩人關係中表達此需求。我愛男友，要分手談何容易，所以我是否該只看他的優點而忽視他的缺點？

專家來解答

處於長期戀愛關係中的人，都會盡量接納對方的優點與缺點。很遺憾地，生活並不如我們盼望的那麼順利。每個人都想要一個激動人心的，能實現個人想法的關係。關係的成長應是令雙方感到充實而滿足，然而如今妳的關係呈負成長，妳有匱乏之感，一般戀人約會互動的模式已經讓妳開始感覺無聊了。

到底是妳和男友在關係中的努力不夠，還是妳倆其實不合適？聽起來男友的嗜好比較專注在體育，重要的是妳倆是否尊重彼此的嗜好，且有興趣分享及聆聽，而談話的層次也與個性及興趣有關。男友說不定對運動有又深又廣的學問，而對妳喜好的文學哲學卻一竅不通。妳得對自己誠實，跟隨自己的感覺走。如果在關係中不滿足且越來越不快樂，就要勇敢地與男友談論兩人的差異性及不相容性，讓他看到關係走下坡。

妳想要分手並不是因為他不好，他就是這樣一個人，經過長久相處後發現兩人之間存在巨大差異，也就是說看清楚彼此的不合適性，因了解而分開，花點時間與男友好好溝通，他會了解的。

9

同居那麼久，不想一直扮演沒有名份的「妻子」！

我31歲，從事專業工作，收入不錯，與G認識五年，同居兩年半，還養了一隻狗，感情融洽生活開心，只是婚姻遙遙無期，他知道我想結婚生小孩，他也說過要結婚，但我不知他在等什麼。逛街時經過飾品店我曾指出我喜歡的戒指樣式，他卻無動於衷，朋友都叫我要催他，我只想耐心等他準備好。

我們現在很像在過夫妻生活，但我要的是一個家庭。我希望他向我求婚是因為他想與我共度一輩子，而非同居久了他必須娶我，我可不想一直扮演沒有名份的「妻子」！

專家來解答

妳對婚姻生活很期待，同居的融洽讓妳勾繪出婚姻藍圖，一心想要嫁給男友，但男友遲遲未求婚，不知是否還在考慮兩人結婚的合適性，這表示你們都很安於同居生活，每天生活正常運作，但兩人談心論未來的交流卻越來越少，男友完全不知妳心中的期盼，妳也不了解他對結婚的打算，缺乏溝通讓感情關係埋下危機的種子。

隨著年齡增長及同居時間增加，同居已不能滿足妳，妳渴望結婚，在慾望未獲得回應或實現時妳出現挫折感，又加上朋友也認為妳應該結婚了，妳的情緒在內心波動，雖說是耐心等待，其實是礙於顏面不肯先提，心中對男友有怨氣，自己的情緒也受到影響，產生焦慮感，如果再拖下去對自己的心情及健康都不好，兩人關係也會有負面作用。

既然有結婚的短程/中程目標，妳就該朝著目標努力，這是妳自己的生活，妳覺得G可以共度餘生，也通過同居生活，當然要去爭取想要的東西。不再被動地等待，當然也不能威逼催促，不妨主動邀男友懇談，坦誠告知妳的需求與期待的時間，彼此多次深入討論，形成共識。倘若男友不能同心與妳朝著目標前進，那妳就得有心理準備，這份感情關係將不會導致婚姻。

10 對曾讓我失望的前男友再度有感覺，該復合嗎？

與男友交往四個月期間感覺像朋友，不像情侶。他很害怕關係進一步發展，更不願意談結婚的議題，所以我就和他分手了。近半年來我沒再交新男友，反而再度對他有感覺，還挺想念他的種種。我想我是犯了一個可怕的錯誤，把他放走了。

我身邊的朋友都很討厭他，個個都勸我跟他分手，我那時真的很生他的氣，因為他居然在餐廳吃飯吃一半就把我甩了，說有事要先離開，也沒結帳，讓我尷尬不已，事後也沒再提。但我現在對他又有感覺了，該如何是好？

專家來解答

請回想一下，「男友」自認識妳以來有改變嗎？交往的四個月裡他始終保持朋友距離，不想進入親密階段，還在約會用餐時突然離妳而去，且事後沒解釋或道歉。對待朋友也不應該這樣，他顯然不想把妳當情人，或者他沒能力去愛人，而妳在交往中也是失望多於期待。

分手半年以來他沒再找過妳，也許他還覺得輕鬆，連朋友都不必做了，兩人的生活不必再有交集。然而妳卻開始想念他，人有時會對於遙遠（空間、時間或心靈距離）的某人有種模糊的思念，突然想到他的優點，只因為不在眼前，就很希望能再見面，這就是妳所謂的「再度對他有感覺」。

除非他有大的改變，你們再續前緣才有意思，關係才能有進展，問題是他並沒有回來找妳。也許妳覺得不甘心，想要順從自己的感覺，主動找他復合，那妳就要有心理準備，或許他會冷淡地拒絕；或者他答應再交往，妳也得提防從前互動的模式再出現。其實妳是缺乏現實感，在折磨自己，大可放開此君，將他趕出妳心房，走出自己心靈的桎梏，尋找兩情相悅彼此合適的好對象。

11 只能純友誼，該放棄還是繼續等待？

兩年前與H開始交往，我們在夜店喝酒聊天也去看電影踏青，但他從未對我有肢體上的接觸。一位共同朋友對我說，H是太害羞而不敢向我表白，所以跨年那晚我向他表白，他居然說還不確定對我的感覺，但我很可愛，他喜歡跟我在一起。

某晚在外用完餐他帶我回他住處，我忍不住抱他吻他，他很震驚並解釋不想對我怎樣。我失望極了，提出分手，他說問題在他，在還未確定前不能跟我亂來，所以希望我們還是維持純友誼。因為喜歡他我只好順從他了，只是最近有幾個朋友說H有次喝醉酒時說他喜歡我，我問他，他卻否認了。我到底是該放棄還是繼續等待？

專家來解答

既然你們常去夜店喝酒，H並沒有借酒壯膽親吻妳，就算妳假裝酒醉親吻他，他也沒擁抱親吻妳，那表示他是個對妳沒有性趣的正人君子。妳已經不止一次讓他知道妳對他有意，且妳相信朋友們的話，一直對H的遲疑與不確定抱著希望，但已經一年了，對他而言仍是友情，已經不能滿足妳的感情需求了。

有的男性只有工作上的同性朋友，他們不習慣向同性吐露心事或閒聊天，所以想交往單純的女性朋友做為休閒之伴。H有可能是這種人，相信男女之間可以有純友誼，或者他沒有足夠的自信將妳們的友誼發展成愛情，當然也有可能他真的對妳沒有情愫與慾望，所以對妳的試探沒有反應，只是有一點可以確定的是他與妳相處自在，視妳為朋友。

通常雙方交往一陣子，彼此若合意就會開始有感覺，像H這種狀況的確不多見。朋友說他酒後吐真言也未必可信，也許是朋友趁他喝醉時故意問他引導他回答的。如果妳只是要一個朋友，不妨繼續交往；如果想找伴侶，就別浪費時間在H身上了。

12 有二心的男人還可以相信嗎？

我26歲，男友大我10歲，離過婚沒小孩，兩人交往一年半，感覺很好。只是他朋友說他有不忠的前科，男友要我相信他。上星期我真的發現他與女同事有戀情，且已經一年了，真是令我心碎，不想理他了，但男友不斷道歉、悔過、求情，要我搬進他的租處，然後馬上結婚。

我不確定是否該答應，我已經不信任他了，他說他會痛改前非，盡全力呵護我們的關係，甚至建議一起去做諮商。他還建議我們在手機上下載APP，以便我隨時掌握他的行蹤。我該怎麼辦？

專家來解答

一年半的感情算是穩定，他卻在背後與公司女同事搞外戀，不僅對妳不忠，對女同事不公平，對自己的工作也帶來風險。一個36歲離過婚的男性，感情上有過失足也就算了，想定下來卻又守不住一對一的關係，他在情感上真的很不成熟，沒能力管理自己的思想和慾望，居然希望以同居及結婚為誘餌來達到求和的目的。

此時千萬不要結婚，也不要搬去與他同住，更不要下載APP掌握彼此的行蹤。一個正向成長的感情關係不是建立在互相監視的基礎上，這樣是無法建立真正的信任感的，信任要出自內心，而妳現在根本無法信任他，因為他是感情不貞的慣犯，他才是需要去做心理諮商的人。

他拉妳同去就是認為你倆之間的關係出了問題，但癥結根本不在妳，是他有欺騙的問題。倘若妳想要與他保持關係，他就必須痛定思痛幡然悔悟，誠心改變自己不忠的習慣，並且是真的做到了。這世界誠心談戀愛的男性大有人在，妳不必死守著他。妳是個好女孩，有自尊及個人價值，可以做較佳的人生抉擇。

13 價值觀有異，感情關係受考驗

爸媽移民美國很多年，後因祖父母年邁回國定居。我自小受他們影響，喜歡過洋人節日，且在聖誕節、家人生日等節日都會互送或致贈禮物。我和妹妹都覺得很好玩，總是用心挑選禮物。而男友出生鄉下，父母用錢謹慎，家人從不互相送禮，甚至沒替小孩過過生日，他們也不是很窮，只是覺得不需要。

男友與我都是社會新鮮人，認識兩週年那天我們又大吵了一架，我特地去故宮買了一條昂貴優雅的領帶送他，他居然嫌我浪費，還說他的禮物就是晚上好好服侍我！哪怕是自己做的卡片我也高興啊！遇到這種男人怎麼辦？

專家來解答

人都會受自己原生家庭的影響，環境可以形塑個人行為，妳和男友也不例外，雖各有優點互相欣賞，交往還算平順，但碰到價值觀的問題就會產生不相容性，因為你倆的家庭文化相差太大。妳家人受西方觀念影響，視送禮為生活樂趣及表達感情的方式，在這種環境長大，妳視送禮為理所當然，男友則覺得多此一舉。想必為了送禮之事你們經常鬧不愉快，他可能覺得妳愛慕虛榮，或者女孩想玩送禮物的遊戲，鬧過就算了，沒注意到這是妳生活的一部分。認識兩週年時收到妳精心挑選的領帶他不是不開心，但心疼妳花錢，且他因毫無準備，情急之下說出那種話，是很失禮的，因為「性」不是禮物，它是兩情相悅的配合與享受，不能當成回禮致贈。

此次衝突似乎比較大，正是考驗感情的時機。成長背景截然不同的人不是不能在一起，只是要多溝通多了解彼此自父母的內攝（introjection），試著去接納對方與自己的不同。除了送禮習慣外，妳與男友也要多聊聊金錢觀、性愛觀及人生觀。不要責怪男友，要好言好語解釋妳不是愛慕虛榮，而是以禮物來表達情感，送禮不是隨便花錢買個禮物，而是要挑對方喜歡或有用的。雖然性愛也是一種表達感情的方式，但這是兩回事。如果溝通有效，他願意接受，這份關係就能繼續發展。

14 雖然有愛，卻總是為小事吵架

我們大學同校，認識已兩年，半年前社團露營時我不慎差點從岩石上掉下來，M及時抱住我，從此我們成了男女朋友，定期約會，相處得不錯。最近一個多月以來，他常為小事和我吵架，生氣時還說粗話，但他不會在朋友面前爆粗口，且對我越來越不耐煩。

不過他也有好的一面，我冷時他會脫下夾克給我披，我跟家裡鬧彆扭或考試太糟時他會安慰我。這是否表示他很愛我，跟我在一起很自在，可以做他自己，所以他容易對我生氣？或者表示他內心恨我？還說想把我改變成為一個更好的人。我該繼續跟他在一起嗎？

專家來解答

偶像劇中常有的劇情是，某男生明明很喜歡某女生，卻經常故意找碴吵架或說些不中聽的話，而妳過的是真實的大學生青春生活，不是連續劇，何況你們之前的互動似乎還可以，只是最近有點改變了。妳的推測有一部分是正確的，兩人相處一陣子後已習慣彼此，卸下防衛與做作表現，可以「做自己」了，也就是本性逐漸流露，妳男友就是一個喜歡為小事生氣，以爆粗口來發洩情緒的人。

因為英雄救美，他打開了妳的心扉，願意與他交往，並不表示妳一定得跟他談戀愛。你們這個年紀是兩性人際關係的練習期，男女朋友交往不一定會「從一而終」。基本上M比他的年紀還不成熟，而妳在感情方面既懵懂也被動，兩人都還有待學習。奉勸妳邀請M一起去學生諮商中心找心理師談談感情觀，學習溝通技巧，兩人心平氣和地對談，看是要繼續交往還是和平分手，或者試著自朋友做起。

M有個觀念不可取，他想將妳改變成為一個「更好的人」，這意思其實是要妳事事順他心意，這是不可能的。妳是有可能成為「更好的人」，但那不是來自外力，而是發自妳自己內心的力量與外在的努力！

15 他一身債，共同生活會有前途嗎？

D原本在南部上班，半年前換工作北上住在姑姑家，因辦公室就在我公司同一棟大樓內，我們買便當時相識，進而相戀，他的個性很可愛，給我的感覺不錯。只是漸漸地我發現他有一些債務，幫他母親還債，還有自己的學貸，所以他無力另外租房子住，連代步的機車都是分期貸款買的。

我有點瞧不起他，一樣是30歲，我可是大學時半工半讀，現在也算是薪水優厚，存了不少錢，每月還付房租。D每個月的債務跟我房租一樣多，但他還得養住在南部的母親，所剩無幾。每次跟他談，希望他再找高薪工作，開源節流盡快把債還掉，他都說我在評斷他給他壓力，弄得很不愉快。這樣的人適合當我的終生伴侶嗎？

專家來解答

妳本來覺得D是合意對象，很希望戀情順利發展，但發現他的財務狀況不如妳期望，開始擔心萬一他不能養活自己，說不定會開口向妳求援。為了避免將來的困擾，妳直接與男友溝通，可能心急，所以語氣及措辭流露出輕視的意味，他感覺到了，心裡不由自主地反抗，妳越勸說他越覺得妳是在批評他。

家家有本難念的經，D的成長背景與妳不同，辦學貸也是不得已的，撫養母親更是人子之責，他不需要付房租，也不是一個隨便花錢的人，妳為何要如此悲觀地評價他？他之所以北上換新工作，就說明他有抱負，力爭上游，妳該給他的是鼓勵與支持，而不是聚焦在他的債務上。

雖然都是30歲，D生活裡有重擔，努力工作，想高升多賺錢，而妳一帆風順，到了該結婚的年紀，卻發現他不是好的結婚對象，因此你倆是在不同的生活階段，如果妳覺得D不如妳，則這是一份不平衡的關係，硬要談戀愛或結婚，對妳倆都沒有益處。

16 我已放下，前男友卻還想吃回頭草

我們高三下相戀，沒考上大學，一起進高四補習班，互相勉勵奮發圖強，他考上第一志願去了新竹，我則讀台北的私立大學。聚少離多。大一下他提分手，原來是已經有了交往三個月的同校女友。我傷心欲絕，埋首準備考插班，次年終於轉入他的學校。

說也奇怪，十個月苦讀後達成我接近他的願望，我卻將這段感情逐漸放下了，在校園看到他倆也不會激動傷心了。沒想到上週突然收到他發來的簡訊，說他後悔當初的選擇，說他對不起我，很想我，也一直在IG上關注我。我發現我仍愛他，但他卻沒打算分手現任女友，只希望偷偷交往，我真是矛盾極了。

專家來解答

失戀後妳重心放在轉學考，心無旁騖地K書，如願以償後頗有成就感，也當成是療傷，再加上對方都沒理妳，妳也就認命了。適應新環境時發現自己走出情傷本是好事，但一年多來努力療傷所建立的新我，卻因前男友的一封簡訊就搖搖欲墜，想做自己又想復合，煩惱極了。

復合並不容易，有種可能是當地下情人，當年的小三變正宮，正宮變小三，非常諷刺。另一種可能是妳公然搶奪，表明要搶回男友，則淪為兩女之爭。無論哪種情形都是漁翁得利，男友坐享齊人之福。照目前狀況看來，有女友陪伴，他不會捨得放掉「既得利益」，但他重新看到妳的一些優點是他從前欣賞過卻在現在關係中欠缺的。

前男友與女友的關係中必有一些問題，他不和女友溝通改善關係，反而要求與妳偷偷復合，這樣對妳及女友都不公平，他以當年傷害妳的方式在傷害女友。每個人都值得一對一的忠誠關係，前男友個性不夠成熟，只顧自己喜好，縱情私慾，沒替妳或女友著想，這是自私，不是真愛。他若真覺得與目前女友不合適，就應該坦誠相告，因了解而和平分手，只有結束一段關係後才有資格發展下一段關係。

17
年少輕狂的事該向他坦白嗎？

大一時不慎懷孕，當時的男友帶我去墮胎，畢業後就分手了。後來我拿了美國碩士回台，在企業界擔任高管。現任男友也是一家企業主管，已同居4年，我們的感情算ＯＫ吧，但經常因為他上網撩女網友而爭吵，他辯稱要放鬆心情紓解壓力，說實話，我也不知道他有沒有約出去。

我倆都是35歲，他想結婚，想要小孩，可我是一點都不想生孩子，因為還沒想結婚，所以沒告訴他這想法。我不知道該不該向他坦承19歲時經歷之事？他聽了不知會如何反應？

專家來解答

你們已同居4年，感情算OK，聽起來你很聰慧有能力，為何會和一個不能戒掉上網交友習慣的男人同住這麼久，還有結婚打算？基本上你並不信任他，只是習慣性地做伴生活，平日各忙各的，回家就求一種安定的感覺，但妳似乎擔心男友可能對妳不忠。結婚需要雙方全心投入，只要有一方有顧慮或猶豫，就得延緩計劃，找出問題核心並共同處理，才能再往前走。妳的秘密在此關係中已經守了4、5年，為何現在才想到要告訴男友？在妳內心深處是否要測試男友？如果他很在意妳的過去，對妳評價，要求分手或決定不結婚，就正合妳意，因為妳就是那個不願意先開口結束關係的人，妳早就預設了結果，男友會因妳當年的事離開妳。

年輕時不懂事，做了傷害自己的事，現在妳都35歲了，不要再懲罰自己，更不需要讓他人來懲罰妳。曾發生的事無法抹去，但可以適當地處理記憶，妳自己捫心自問，如果男友值得信任，妳可能早就告訴他這件事，而如果男友全心信任妳，想要與妳經營現在與將來，就不會上網尋找情感關係，妳生不生小孩與目前兩人關係還連結不上，也不是分手的充分理由。建議妳找諮商心理師談談，獲得洞察，才能釋放自己的煩惱。

18

不想和我發生關係，男友是否不愛我？

我們都25歲，交往一年半，之前各自都有交過男女朋友，也都有過性經驗，但我們交往後男友始終不願意與我發生關係。我是個極度沒安全感的人，依過往的經驗，我深信性愛對男生來說是再簡單不過的事，且我真心覺得透過性愛可以得到安全感，所以就覺得男友是否不夠愛我，不想定下來或是扛責任。

男友真的對我很好，除去發生關係以外，所有朋友都覺得他很好。老實說，我還一度以為他是同性戀，想幫助他，但男友一直否認。我曾正色地問他為何不發生關係的類似問題，他也始終支支吾吾。請問他是抱著怎樣的想法呢？

專家來解答

妳的問題呈現出四個性愛迷思：1.男女相愛就得有性關係；2.女生透過性愛可以得到安全感；3.性愛對男生而言是再簡單不過之事；4.對女生不動心無行動就可能是同性戀。因為被這些迷思牽著走，才會對目前的感情關係不滿足。若性愛可以獲得安全感，那妳為何會和前男友分手？

交往一年半不算短，但也需視見面次數及談話內容才知感情的深淺。妳和男友相處融洽感覺良好，但從未正面談到彼此的感情性愛觀，妳只是本著傳統觀念等待與男友發生關係，期待感情因此更上一層樓。男友遲遲未有行動，妳居然還開門見山地問，他知道無論怎麼說答案都不能讓妳滿意，因此支支吾吾未言明。

男友必然有他個人的原因，也許認為兩人的關係還未到肉體接觸的程度；或許他在從前的親密關係中受過傷；或者他曾讓女友懷孕過；……原因如何只有他自己才知道，如果妳還想要他當男友，就得自己從他身上去找答案。也就是兩人要經常有深度交談，走進彼此的心裡，等兩人到了相知相愛相惜的程度，性愛對話較容易說出口，身體接觸也會自然發生的。

19 一時糊塗出軌，該隱瞞還是向他坦白？

我24歲，與鄰居哥哥一起玩耍長大，兩年前他向我表白，我也覺得他比一般男孩成熟，所以就從朋友變成情人。他在快遞公司上班，晚上K書準備高考。畢業前的暑假我去台北某公司實習，一天晚上和同事去喝酒跳舞，因為喝多了糊裡糊塗和一位實習同學上床，但就這麼一次！我不敢告訴男友，如果我不說他永遠不會知道。

我恨自己做了傷害他的事情，從小到大他一直很愛護我，我也陪他度過父母車禍雙亡的悲慘時光。我真的很想嫁給這個男人，不忍心欺騙他。如果他因為我的坦白而離開我，也是我咎由自取，該怎麼辦呢？

專家來解答

24歲女孩就喝酒過量失去控制力，對自己的安全與形象是很不好的事。當時妳隻身北上實習，遠離男友與家人，也許身心寂寞，與認識未久的同事出去狂歡，結果碰上與妳同樣酒醉失去控制的異性，或者是根本當晚對妳有所企圖之人，雖然沒受到傷害，但一夜性的罪惡感一直啃噬妳的心，感到愧對男友。因為男友對妳很好，妳很想繼續與他在一起，但妳得先學會愛自己才有能力愛他。此次事件是很好的教訓，妳若能經此事長一智，妳的愛對男友才有意義。

試想，如果這件事是發生在男友身上，妳會想要知曉嗎？因此得好好檢討，是年輕不懂事衝動，還是妳的感情關係有問題而不敢面對？如果是前者，答應自己絕不再犯同樣的錯。若是在感情關係中有不滿意或不滿足，則該成熟地檢視兩人關係。如果可以化過去的錯誤為改善互動的力量，針對妳的想法與期待好好與男友溝通，當然也要聽聽他的想法與期待，妳可以將一夜性事件放在記憶裡的某個角落，單純放置而已，若仍有罪惡感，可以找諮商心理師談談，釋放負面情緒，改變認知，調整心態，才能與男友有良性互動。

20 第三者苦苦追求，怎麼處理才好？

我和B是一對情侶，暑假實習時認識C，因工作關係，沒跟同事表明兩人是情侶。我當時跟B吵架，所以常找C訴苦，後來C對我產生好感並展開追求。雖然已多次向他表明我與B是情侶關係，C卻聽不進去，認為我向他訴苦就是想要和B分手，還強迫我在臉書及LINE封鎖B。

他只要看到我們兩人臉書有互動就會來找我發脾氣，甚至實習結束後還時常發訊息騷擾我，男友也因為此事和我越吵越兇。但我因心軟及未來工作還可能會見面的關係，不忍與C完全劃清關係，為此事煩惱好幾個月，該如何是好？

專家來解答

私人感情與工作應區隔清楚，妳當初未公開與B的戀情這沒什麼不對，只是讓C以為妳單身而展開追求。但當妳表明心已有所屬時，他卻曲解妳對他的訴苦是喜歡他，妳可能表現得太軟弱了，居然被C強迫在社群媒體上封鎖男友。

C此舉已侵犯妳的隱私權，妨害妳的上網自由，很過分了。同為實習生，當時妳顧及大家的顏面沒跟C翻臉，雖是好言解釋，還是趨向息事寧人。但實習結束後已無工作上的顧慮，妳應該義正詞嚴地表達，既然有緣相識，歡迎C成為妳與B的朋友，請他尊重妳與B的感情關係，否則以後連朋友都做不成了。

不知道妳男友在此「三角」關係中扮演什麼角色？聽起來妳好像並未讓他跟C有很多互動，C才會誤以為妳因為喜歡他、信任他才向他訴苦，妳男友當然不悅而跟妳吵架。這件事關係到妳倆的感情，最好是一起邀請C至餐廳用餐，以朋友相待，直言說既是同行，以後大家還會有機會見面或接觸，一定要互相支持與幫忙。給C一個下台階，如果他繼續騷擾，就只好翻臉報警了。

21 良人不良，該棄他而去嗎？

我剛畢業，在小公司當秘書，有個交往三個月、大我兩歲的男友，感情很好。我很忙，但星期天還是會空出來陪男友，他也體諒我的辛勞，載我上下班順便增加相處的時光，由於兩人過去的感情不順遂，我們常說彼此應該都是對方對的人，會一起走到老。

只是最近我發現一個大問題，因為男友的身體狀況不好，導致他常請假而被公司解雇，工作換了又換，經濟狀況非常差。雖然我一直說服自己要相信他會努力工作，以後會給我好的生活，但看他的身體及父母已不在的情況，真的很難相信他會有一番成就，我應該棄他而去尋求更好的依靠嗎？

專家來解答

彼此互相吸引，都曾經歷不順遂的感情，交往的三個月中都儘量撥時間相處，妳就以為這樣可以走到老。沒想到感情的第一個考驗出現了，而且還是一個嚴峻的考驗——男友的健康有問題、工作不穩定、經濟狀況差，加上沒有父母的照顧與支持。對他而言必是非常辛苦，而這三個月來的硬撐到頭來還得在妳面前曝光。

妳沒說清楚男友的身體狀況，若是先天性或從小的宿疾，就必須長期調養（不知他有沒有這個條件）；若是因營養不良或其他原因導致的健康問題，他還很年輕，適當醫療加上稍事休養即可恢復。談戀愛是一回事，結婚是另一回事，現在看起來你們還沒有能結婚的條件，妳才剛進入職場，還得累積經驗、學習技能、發展職業生涯，為未來的生活奠定良好的基礎，不是一定要全靠男人。

如果妳談戀愛是為了找結婚對象，男友目前當然不是妳的人選，但若妳對他有相知相惜的情感，當然可以繼續交往，他無法承諾結婚，妳也不可期待婚姻。如果妳不因為他沒工作沒錢又要養病而看輕他，化戀情為友誼也是一種相處方式。不論愛情或友誼，雙方的關係應是平等的。

22 有了新女友還要跟我去看電影，會不會早就腳踏兩條船？

交往三年，感情甜蜜相處融洽，就連男友當兵時感情也未變。但就在某天，男友突然向我提分手，兩人之間並無爭執，他僅說是因為不愛了，我雖震驚，但很理性地接受了，說好還是好朋友。

分手幾天後，我調適好心情，決定約前男友一起看電影，我並非想復合，純粹只是以朋友心態約他。沒想到他卻回說：「好啊！但我先跟我女友說一聲。」這回答讓我非常不舒服，才剛分手就無縫接軌交了新女友，會不會其實我們還在交往時他就腳踏兩條船了？且他交了新女友後還不避諱，答應單獨和女性友人（而且還是前女友）出去，面對這種人我該如何處理兩人的關係？

專家來解答

學生時代的感情非常單純，兩人一起專注在課業上，也有很多時間專注於彼此，因此感覺甜蜜蜜。男友服役期間妳對他一心一意，男友在當兵也只能心無旁鶩。等到進入社會工作，妳仍是原來癡心的妳，男友卻變了。這期間其實妳也感覺到互動關係不若以往，但以為愛情可以克服一切，直到男友提分手，妳才確定這份關係要終止了。

分手後做好朋友是理想的境界，並沒有很多人能做到，尤其在剛分手後。理智上妳答應男友分手，情感上妳還是想和他有連結，所以約他看電影。因為習慣於三年來的互動，且不忍心在分手後再傷妳的心，男友沒拒絕，乃技巧地說了那句話，意思是新女友若不准就不去了。倘若准了，兩人也只是朋友關係，不可能復合的。

妳的懷疑是很有可能的，想必男友早就腳踏兩條船，一直拖到不得不分手時。這個男人對你沒尊重又不誠實，他的女友一定早就知道你倆的關係。現在她後來居上進入關係，男友為了討好她，乃將和妳看電影的決定交給新女友。面對這種根本沒有維持起碼友誼誠意的男人，妳用不著花時間在他身上，更不需要抱任何希望了，還是另外約人看電影吧！

23 下課不見上課見，班對問題真難解

班對一年多，他假日回台北時常和高中時的女同學出去玩，我想沒關係，因他們認識早在我之前，但一定要誠實報備。半年前我發現他劈腿，他立刻斷絕外戀，求我原諒，所以我就給他一次機會。

平常他都來我住處陪我到9：45才回去，最近9點不到就走了，手機也加了密碼，我也發現他刪掉很多對話，卻說是手機有問題。後來有人看到他和A女親暱出遊，夜晚散步。我只暗示不喜歡A女，他就發脾氣，說我管太多，還查看我手機記錄有沒有和好友聊起A女。我決心離開他，他卻不准。我好痛苦，一週有三天還要一起上課，怎麼辦？

專家來解答

此君玩心重且桃花多，妳因為愛他而信任他，他卻利用妳的愛心遊戲人間。被妳發現劈腿後說盡好話表示悔改，所以你們復合了。妳還是一如往常地對待他，他卻不能滿足於這份關係。意即他已察覺到你倆並不適合，但還是享受妳對他的好。

男友的種種跡象令妳覺得疑惑，又有人眼見他和A女親密約會，證實他劈腿了，妳卻不敢面質他，只是「暗示」不喜歡A女，他立刻惱羞成怒，責罵妳且查看妳手機，真是惡人先出手，對妳不公平。他也知道這次賴不掉了，無法再像上次一樣連哄帶騙，且他也無意與A女斷交，在妳傷心要離開他之時反而不准，就是要再次利用妳的愛心，讓妳以為他是因為愛妳才不准妳離開。

此人無法專心在妳身上，一再傷害妳，未顧及妳的感覺，又是同班同學，讓妳的面子擺在何處？他自己更是不要面子，我行我素。平心而論，他不是壞人，也不是故意的，而是太年輕太自私，不懂感情不諳人際關係，不知道自己到底喜歡哪種類型的女孩，有桃花就採。在現階段與他交往的女孩，不是被他劈腿傷心，就是看清不合適而離開他。因此聽從妳的決心，轉換關係回到原點，維持同學情誼，等妳想通了，在課堂見面打個招呼就好。

24 曖昧期該如何表達真心意？

上大學時就認識J，但不熟。畢業後很少有機會見面，偶爾會用Line聊天。後來有約出去唱歌、看電影等，但次數不多。起先他較主動邀約、獻殷勤，聊天也有些曖昧。但過了大概四個月後逐漸淡了，也較少主動聯絡。

我知道不能只有單方面等待，有幾次嘗試主動約他，起初他同意，但最後卻爽約，也許是得來容易，較不珍惜。想了解以上情形的心態大概為何？若下次遇到類似情況約出去有何解決方法，該如何婉轉表達心裡的想法或感受，或如何跟他溝通？

專家來解答

妳和J畢業後都想要找個對象，因為大學時就認識，有一份親切感，再加上Line訊息的互動，他主動邀約，你們出去幾次，他獻殷勤，就是想要增加互動，多了解妳，同時也說些曖昧的話語，看妳的反應如何。四個月下來，J有點冷卻，可能是他覺得互動關係不如他原先期待，也許看出兩人的不合適性吧！

妳有覺察到J的改變，但不知道他心中是怎麼想的，乃主動聯絡。他覺得不好當場拒絕，乃使出招數，先答應再說，但並不是真想見面，所以臨陣爽約。這樣當然是不厚道，這在於他無法面對現實，也是人際關係不成熟的表現。你們過去的關係其實只是異性朋友，雖有一點曖昧，並沒有表白或承諾，因此無所謂「得來容易，較不珍惜」，妳別多心。

妳應該是不討厭J，且有意繼續交往，但J以他自己的方式，即逃避、不溝通，來傳達他的無意願繼續發展情誼，妳心裡雖不好受，但也見識到此君的不成熟，所以不要難過或失望，未真正發展的感情關係就讓它無疾而終吧，沒了J，以後還會有更適合妳的人出現！

25 男友性慾高漲，越來越招架不住

與男友有親密關係已兩年，大多在我住處。他有時會上網看些色情圖片，興奮起來就求歡。他很會撩人也很會做愛，讓我感覺很舒服。一直以為性生活不錯，但最近他常說很想上網找女網友來個一夜情。

我不知道他到底怎麼了？是不夠愛我還是我不能滿足他，或者他性慾太強？該怎麼辦？我開始心慌了，又不敢表現出來，所以做愛時就越來越無法享受舒服的感覺，不知他是否會離我而去！

專家來解答

偶爾說想要有一夜情（其實是一夜性），通常是受到情色訊息刺激而產生偶發性的性幻想，不足擔心，但若常常提起，則表示他有過多的性幻想，的確想過要和妳以外的女性發生性行為。你倆兩年的親密互動已是有承諾的關係，男友能在妳面前自在地分享性幻想本是好事，但他有上網流覽色情圖片的習慣，顯示他喜歡性刺激，因此找網友約炮並非不可能，有可能是先給妳打預防針。

妳不妨反問男友，妳是否也可以上網找一夜性，既然對彼此坦言，就不是欺騙或出軌，看他的反應如何。通常男生聽了會很生氣，妳就接著說，不管是誰做了都要為自己的行為負擔後果，因為它是發生在有承諾的關係中。讓他知道妳不會阻止他，他可以選擇做或不做，性幻想只是幻想，做了就不是幻想了，而是有傷害性的行為。

你倆身體親密卻缺乏性溝通，可能一直以來都是光做不談，妳不妨帶頭與他談談做愛時身體及心理的感覺，聊聊彼此的需求及期待。妳過去可能比較保守，試著放鬆心情解放自己的身體，享受男友的觸摸，以言語或聲音表達愉悅與愛意。男友必會驚喜於妳的開放與回饋，眼前的性刺激絕對比性幻想更能令他興奮，也就是說，讓男友專注在妳身上，以眷戀彼此身體享受交合的歡愉，來打敗色情圖片的假性刺激。

26 為麵包而放棄愛情很膚淺嗎？

男友家境不好，生活費都得自己出，再加上研究所考了第二年，現在要邊讀書假日邊打工，生活費還是非常不夠。家人跟我說他已經畢業這麼久了收入還不穩定，看不到未來，別跟他在一起。

很多人說為金錢而放棄愛情是很膚淺的事，我也這麼覺得，但我家人一直洗腦我，讓我偶爾也會開始擔心，如果以後生活真的很艱苦怎麼辦，麵包真的比愛情重要嗎？他對我算很好，但就是不肯馬上找工作，講都講不聽，該怎麼辦？

專家來解答

妳男友人窮志氣高，家人無法提供經濟支援就自己打工維生。研究所兩年沒考上，仍不放棄，有空就溫書，還要再考一次，顯然他已規劃好自己的近程目標，且要照規畫去進行。現在真的是他最潦倒的時候，什麼都沒有，連愛情都快不保了，他還是勇往直前。妳的家人從表面看他，當然會認為他無法給妳幸福。

父母愛女心切，不忍妳從談戀愛時期就跟著男友受苦，沒積蓄亦無成就，要拿什麼結婚，他們看這份戀情簡直毫無前景，所以向妳耳提面命，要妳認清現實。父母的話固然沒錯，麵包很重要，但愛情更可貴。目前男友正需要妳的支持、鼓勵與陪伴，才更有動力準備考試。而讀研究所至少需要兩年，妳得給他時間與空間去發展潛能，努力學習，等拿到碩士後就容易找到好的工作。你們交往也有幾年了，除了沒錢之外，妳應該對他的個性很了解。如果男友為了迎合妳，現在就去找正職工作，看起來好像麵包與愛情兼顧，妳可以向家裡交代，但他心裡不會快樂。

其實你倆都還很年輕，不必著急結婚，妳若真覺得男友可信任，值得交往，不妨繼續發展感情，兩人來個五年計劃共識，讀書、拿學位、找工作再結婚；但妳若已經開始對他有嫌惡之心，則你們未來會變成兩條平行線，還是趁早提分手吧！

27 過往不順的感情路，讓母親對交友橫加干擾

我今年大四，課餘在速食店打工，也利用空閒時間準備研究所考試。我只想考南部幾家大學研究所，因為有我喜歡的碩士課程，對我未來生涯有幫助，且台南有個男生L我對他挺有好感的，我媽卻反對我南下考研及接近他，她說我倆不適合。

我知道母親愛女心切，擔心過多，過去因為我很差的判斷，感情路走得不順暢，跌了好幾跤，但這次我相信L可以和我好好地發展感情關係。我應該留在台北家裡取悅媽媽讓她安心，還是冒險南下去與喜歡的人發展感情？

專家來解答

妳想報考妳有興趣的研究所，有近程規劃非常好，但這同時妳也在規劃妳的感情生涯，為了接近L才會選南部學校，被母親察覺到了，她擔心妳期望過高投入太多，也不知道兩人是否合適，萬一再一次情路不順，沒有親人在身邊，心情不好，必會影響學業。

妳要對自己誠實，在課業方面真正想修習的是什麼專業。如果真的在南部讀研究所，一邊求學一邊談戀愛並無不可，但一定要好好念書讓母親放心。妳當然可以試著與L交往，不妨且戰且走，同時也去學校的諮商中心做個人諮商，了解自我並回顧以往感情不順的種種，找出問題所在，避免重蹈覆轍。當妳有了自我成長，在與L交往的過程中就能做出較好的判斷。

另一種可能是留在台北讀研究所，而與L展開遠距離戀情，現在資訊如此發達，天天網路上見面說話，每隔兩三個星期高鐵南下或北上都可以相聚，兩人互相鼓勵支持，如果通得過兩年時空的考驗，就能將愛情修煉成功，媽媽一定會很開心，也會祝福妳的！

28 男友要「低調」，我成了隱形人

M和我就讀同高中，當時各有伴侶，上大學後就都分手了。現在我們就讀不同學校，感情加溫。為避免高中同學閒言閒語，決定「低調」在一起。我家管得嚴，無法經常和M約會，他活潑好動又有異性緣，經常男女同學一起出去玩，甚至女生單獨約他看電影他也會去。我理解那是他的生活圈，且他都會跟我分享，但心裡總不是滋味。

他真的對我很好，但他也對其他女生好，當然不能怪那些女生，因為她們不知道有我存在。我很納悶，當初決定低調交往是錯誤嗎？或者M應該主動告知女生他已有對象？但這樣是否又違反了低調的前提？

專家來解答

各自分手後成為情侶，又不是介入彼此的感情關係，何懼閒言閒語？高中畢業後同學們就各奔前程，每個人都忙於適應新環境新生活，哪有心思去注意你們的感情發展？做人本來就該低調，戀愛也該低調，但低調並不表示「隱瞞」或「不公開」。你倆的感情光明正大，應該被祝福，且公開交往關係就可以省掉很多麻煩，更能專注於彼此的互動。M是個活潑可愛的男孩，朋友多活動也多。你倆處於不同環境中，無法每天見面，這正是考驗你們萌芽不久的感情關係。

M的確對你不錯，視妳為女友，跟妳分享學校生活，相信妳也對他做同樣的事情。兩人交往要基於互信互愛互諒，如果妳一天到晚擔心，妳會不快樂，日子久了妳會跟他鬧脾氣，而他喜歡的是原來可愛的妳，會覺得妳變了。因此兩人最好開誠佈公地談一談，重新討論「低調」的議題，你們當然不用在人前表演親熱難捨，但也不需隱瞞已有女/男友，甚至要逐漸融入彼此的學校生活圈，認識彼此身邊要好的同學，這樣妳就會比較有安全感。而兩人不能見面的日子則以視訊及電話聯絡，連結彼此的心及生活。各人都應為這份關係努力，感情才能繼續發展茁壯。

29

該怎麼搭起我和男友母親之間的溝通橋樑？

和男友交往兩年，相處很好，但最近男友媽媽常勸他跟我分手。她的看法是我倆學歷差距和價值觀不同，他就讀台大，他媽覺得私立學校學生就是不認真讀書，喜歡到處玩和亂花錢，害怕我會拖累他的人生規劃。但其實我們除了玩和約會，也都一起讀書，一起去找打工或實習。

一開始男友對這件事沒什麼看法，但時間久了，被媽媽嘮叨心情也會煩悶。我也想過要不要親自和他媽談談，但我和她的關係本來就不是很親近，不知該怎麼碰面和從何談起，也不知要如何才能讓男友成為我和他媽媽之間良好的溝通橋樑？或是有什麼方法能讓她放心我們交往呢？

專家來解答

男友媽媽顯然是控制型母親，想幫兒子規劃人生。剛開始她可能以為你倆只是玩玩而已，未放在心上，沒想到已經走了兩年，好像是很認真的感情，她才開始著急，想要拆散鴛鴦。可能平時妳和男友大都過兩人的生活，甚少與他母親有互動，她對妳缺乏了解，感覺妳把她兒子帶離她身邊；或者她基本就是不喜歡妳，包括妳的個性、學歷及她兒子對妳的好。

妳想要找男友母親對談的目的是想讓她多認識妳，了解妳和男友的感情是真心且深厚的，但她有既存偏見，且妳是晚輩，與長輩對談可能談不出結果，搞不好會導致心情更糟。況且你們現在還是學生，誰也不知道畢業後會發生什麼事，此時還是先穩住兩人的感情，享受相知相惜相伴的美好，也可以談談彼此對未來的規劃，看看是否有交集點。

面對母親要求分手的嘮叨，男友當然會心煩，但既不是他的本意，他就該有勇氣跟母親溝通，兩人還年輕，感情仍在試煉中，請她不要著急。而公私立大學各有特色，重要的是目前兩人合意、相處愉快，所以拜託她給你們機會。男友才是關鍵人物，既要維持母子親情又要保住戀情，這也是對你倆感情最重要的考驗。

30 不再有身體的接觸也缺少交流，這樣算戀愛嗎？

我和男友相差九歲，且相隔兩地，已經三個月沒見面了。由於工作關係不能時時聯絡，每隔三五天才能聯繫一次。我們已經交往三年了，雖然少了剛在一起時的熱情，但現在感覺就像細水長流，沒有波動也不曾間斷。

即使感情轉淡，我還是很喜歡他，想和他繼續交往。但最近我越來越懷疑這段戀情，沒有身體的親密，也沒什麼交流，視訊也只是互相對看一直傻笑，沒什麼話題可聊。這樣算是談戀愛嗎？如果一直持續這種低接觸的交往模式，未來是不是更容易導致分手？

專家來解答

交往三年，彼此心意相屬感情穩定本是好事，但相隔兩地不常見面就是個變數，細水長流看似安定卻是缺乏激情。如果只是被工作綁住，因忙碌而減少互動，則關係的品質會逐漸下降。感情關係不是永遠不變的，明知彼此相愛，但現在感覺就是不一樣了，所以妳才會產生倦怠感，開始懷疑這份感情的真實性。

你倆相差九歲又已交往三年，似乎已屆或已超過適婚年紀，不知是否談過對未來的計劃，是要先存錢再結婚，還是維持現狀？雙方要有相似的人生觀及價值觀，經常交流，刺激自己及對方成長且逐漸形成共識，在各自的目標上有個共同生活藍圖，一起朝這方面去努力，這份關係才會有繼續發展的能量，甚至開花結果。

三個月沒見面的確有點久，尤其三五天才聯絡一次，當下的感覺無法立刻傳達，分享的人事物太少，就會越來越沒話講，對愛的感覺也會逐漸變淡，的確是個警訊。建議妳爭取與男友見面，向他坦承妳的感覺，也聽聽他的心聲，針對目前狀況兩人共同商議出改善辦法，要以感情關係為重，即便其中一人或兩人都得做某種程度的犧牲，如果能讓愛從停滯而恢復生氣，還是值得的。

31

有個愛吃醋的男友，該怎麼讓他信任我？

我倆都是碩士生，平常有空就去住男友宿舍，他非常在意我跟其他異性聊天，所以去之前為了避免男友吃醋，我都會事先把聊天記錄刪掉，但我們平常不會互看對方手機，各保有隱私。

不巧我上星期去的時候忘了刪，結果隔天早上被男友偷看到，從那刻起男友對我非常冷淡，平常都會送我回家，那天卻沒有，要我自己回去。我回去後Line他，回應都只有一個字，甚至是不回，電話也不接，持續了好幾天，我非常傷心，有個愛吃醋的男友，該怎麼做才能讓他完全信任我？

專家來解答

現代男女朋友的生活中沒有異性友人是不可能的，總會有幾位純朋友經常在Line或各式通訊軟體聊天或分享圖片，不知妳男友是否從不和女性友人在線上聊天，所以才會在意妳和男性友人聊天？而妳明明有和異性朋友聊天，為了怕男友不悅，乃在每次見面前將對話刪除，他應該經常偷看妳的手機，這次正巧看到妳忘記刪除的對話，這樣的互動是健康而有信任感嗎？

男友發現妳違背他的「旨意」，立刻生悶氣，以消極侵略性的態度對待妳，不說話也不送妳回家，也不回訊息，甚至失聯好幾天，他在懲罰妳之餘不也在懲罰自己？他是想讓妳向他屈服認錯？難道他偷看手機的行為就不是侵犯妳的隱私？他愛吃醋的表現並非太愛妳，而是大男人主義的操控與對感情關係缺乏安全感。

妳是因為出於愛才在乎他的感受，乃將手機對話刪除，但這也不是辦法，他發現後就覺得妳在欺瞞他。因此妳應有主張，自我肯定地與男友溝通，如果兩人相愛，認定彼此是情侶，當然不會和其他異性有超過界線的互動，而在互相信任有安全感的前提下，就不能察看或偷看對方的手機。經過溝通後，男友若仍執意如此，則這段戀情應該也維持不久了。

32 魔王男友讓人幾乎喘不過氣

男友與我在一起前就曾說過，一開始不喜歡我是因為覺得我太胖，在一起後也常常用嘲諷的口氣嫌棄我的身材，一天到晚要我減肥，有時候稍微放縱多吃一點他就立刻制止，其實我的體型雖然不纖細，但還算正常。

除此之外，為了讓他有面子，他還會要求我約會時要認真打扮，這讓我非常不能接受，我們常為這些事吵架，雖然溝通完後他會跟我道歉，保證以後不會要求我減肥，但時間一長他又會露出本性，一再地爭吵讓我很疲憊，我應該繼續跟他在一起嗎？

專家來解答

交朋友各有喜好，男友既然不喜歡胖型女孩，卻還和妳交往，可見妳一定有不少他欣賞的優點。但愛一個人應該愛他/她的全部，包括優缺點，何況身體長相是天生的，肥環燕瘦也不是說變就變。交往以來男友一直「嫌」妳胖，督促妳少吃，表示他還是在意妳的體型，儘管妳只是豐潤，並沒有多胖，仍然未達到他的標準。

打扮又是另一回事，衣著及化妝可以增添美麗，但每個人有自己的裝扮風格，也要看場合，男友以「女為悅己者容」的心態要妳為他打扮爭面子，他沒有用心去珍視妳的本質，從未尊重妳的感受，只想將妳變成他心目中的樣子，而妳也是有自尊有原則的人，無法接受他的要求，自然會起衝突。妳也好言溝通過，而他只是暫時被妳說服，不久又故態復萌。目前已到了妳忍受的極限，才會出現疲憊感，不想再進行拉鋸戰了。

是的，看起來妳倆個性差異太大，男友的大男人作風甚強，爭吵越多，兩個人都不快樂，原來那些感情的美好也會漸漸消逝。最重要的是他看不到妳的美，不懂得欣賞真正的妳，只想到自己，這樣的男人妳願意繼續跟他在一起嗎？還是多為自己想想，妳就會找到答案的。

33

再繼續淪陷我可能會變成小三

我對好友F有好感，最近他和前女友復合了，但我們的聯繫卻沒有間斷，每天都會線上聊天，他跟我聊天的頻率比跟女朋友聊天的頻率還高，且會講一些曖昧的話，像是叫我寶貝這種暱稱，我擔心自己再淪陷下去會變成小三。

F曾抱怨對女友沒感覺，卻覺得自己對她有份責任，我問他為什麼不分手，他說捨不得，怕女友受傷。所以我就漸漸疏遠想退回朋友關係，也說會給他時間去處理這些事，最近F開始主動接近我，但也沒有要跟女友分手的意思。我該疏遠還是接受他？

專家來解答

妳和F本是好友，因為妳是好的傾聽者，他心理上越來越依賴妳，喜怒哀樂都與你分享，妳也感覺到你們之間好像比朋友更多一些曖昧。妳雖喜歡他，卻未明確地表示，只是被動地觀察F的風向。他放不掉與女友的感情，分手又復合，卻不如他原先預期的熱絡親密，雖有挫折感卻不願主動提分手，寧可拖著慢慢耗。

妳一方面享受曖昧的感覺，也心疼F復合後並不開心，暗中希望能有進展，一方面卻又失望於F的拖拖拉拉，所以想要退回朋友關係，讓自己好過些。F的確是個不夠果斷的男孩，他無法勇敢地與女友溝通，理清倆人的關係，也捨不得放棄與妳的曖昧友情。當妳說要退回朋友，給他時間去處理感情之事，他有點慌了，「先穩住妳再說」就是他的心態。

F當然得先決定要不要和女友繼續發展感情，那是他倆的事，妳要退回朋友也是妳自己的事，各自應負起責任，不能期盼對方能或該為彼此做些什麼，只有等F和女友真正分手，才能與妳發展光明正大的男女關係，或者妳也可以主動追求他，因為你倆有良好的友誼基礎。

34
男友樂於被當工具人，全不顧我的感受

與B男在一起之前他喜歡C女，C女是班上公認的綠茶婊，不僅心機重還很會挑撥離間，甚至好大喜功愛表現。大三那年他向C女告白被拒，就一直跟我訴苦，然後問我要不要跟他在一起，我不忍心看他這樣苦苦哀求、死纏爛打，就答應了。

但C女依然把男友當工具人使用，半夜沒車回家就打電話叫他來接，我覺得很不妥，後來因為次數太頻繁，跟男友吵架，但他跟C女都覺得這是正常行為。且男友也承認對C女還有感情，我自己也捨不得這份感情，畢竟交往三年了，我開始半夜哭泣甚至有憂鬱傾向，也常跟男友發脾氣，真不知該如何是好？

專家來解答

妳對C女有許多不滿，而妳居然讓她存在於妳與B男的感情關係中三年之久，甚為委曲求全，但也顯露出妳的個性是順從、無主張的。回想當初，妳是真的喜歡B男，還是因為他追求C女被拒死纏賴妳才答應做他女友？雖然男友坦承他對C女的感情，且未隱瞞他與C女的互動，妳感覺到愛情被瓜分了，心裡一直有隱憂而不快樂，且已達到臨界點了。

B男當然可以擁有女朋友以外的異性友人，但他應以女朋友為重，尊重妳的想法、在乎妳的感受；C女亦然，她可以視B男為朋友，偶爾找他幫忙並不為過，但她應該尊重妳。倘若B男告訴她妳不高興，她就不應該再找B男接她，或者至少先徵求妳的同意。因此該是妳宣示主權的時候了，堅定地告訴男友，與異性友人之間應劃清人際界線，避免單獨接觸。

他當然一時無法接受，必會跟妳吵架，妳可別因為心軟又屈服，這就是三年以來你們的互動模式。妳要有不懼怕失去的心態才能理清你倆的愛情關係。倘若男友因妳的堅持而離開妳，那也是他的選擇，就表示你們的感情關係沒有通過考驗！

35

原本不在意的條件差距，將兩人越拉越遠

與男友交往快三年，因遠距離戀愛的關係並不常見面，但每晚仍保持電話聯絡，且在雙方同意的情形下不定時有性行為。他就讀體育相關學系，無太大課業壓力；我就讀明星大學，課業壓力繁重。在多數人眼裡我的前途優於男友，但我並不在意彼此的差距。

男友和他的朋友們關係很好，常常一起去夜唱、烤肉和釣蝦，但他朋友圈的性關係有些混亂，我不喜歡也擔心，希望他能減少與他們來往。起先男友答應了，但之後仍經常與他們出去玩，我受不了提出分手，其中原因還包括這幾年來一些生活觀念不合、男友性需求較旺盛等。但畢竟是三年的感情，我們還是互相喜歡，我該怎麼辦？

專家來解答

妳和男友必有非常吸引對方的優點及感情基礎，所以還能維持遠距戀情，只是兩人個性、就讀環境與生活圈不同，不論見面約會或兩地相思，已逐漸顯現鴻溝及隱憂，所以妳才會開始思索兩人在生活觀念及性議題上的種種差異。

你們的關係的確存在不少問題，兩人聚少離多，體力旺盛的男友一見面當然想跟妳做愛，而妳可能很想與他做一些感性或悠閒的活動，卻因為他的要求而順從他，畢竟時間有限，兩個人能在一起就好，但這樣的互動未達妳期望的關係品質，心理上有所不滿足；但如果不答應他，又擔心他回去後與朋友一起出去花，內心矛盾。

男友在學校需要朋友，經常在一起難免會被同儕影響，但他如果是個有原則的人且真心愛妳，他應該要克制、避免同流合污。遠距戀情貴在雙方都有一顆執著的心，有毅力及耐力克服時空阻隔及外在干擾因素，妳因不快樂且擔心受傷害而提出分手，這對男友也是一種試煉，他若答應了，則你們的戀情終止，否則兩人還是可以給彼此機會，多溝通交流以加強信任，並繼續交往下去。

36

理性碰上感性，總是吵不停

一直以來和男友吵架的原因都是因為溝通不良，他較理性，喜歡聊的東西比較實際，而我較感性，只想和他聊一些浪漫的話。每次我想和他抱怨生活，他卻總是長篇大論的分析想幫我解決問題，他認為這樣是對我最好的方式，但我其實只想要他的安慰。

好幾次我想出去玩，他卻只想賴在家裡，覺得出門很麻煩。其實撇開這些，我覺得他是一個很好的人，還是想試著跟他溝通，但每次溝通到最後都會變成大吵，不知該怎麼表達他比較能聽進去，讓彼此各退一步，不要再爭執了！

專家來解答

妳和男友都有互相欣賞的人格特質，剛交往時彼此客客氣氣，一起分享的事物與活動大概都是不需要溝通的，例如看電影、郊遊、用餐等。一段時間後，談論的事情越來越多，就越發現有雞同鴨講的現象，這並非因為歧見而對立，而是看事情的角度與方式大不相同，而這源自兩人個性和思維方式的差異，與性別差異也有關。

男性比較工具性，以解決問題為導向；女性則是情感性，以人際關係為導向。男友相當理性，妳卻非常感性，想聽浪漫或安慰的話，男友卻幫妳分析給妳建議，想替妳解決問題。妳完全未被同理到，也聽不進他的長篇大道理，明知彼此互相喜歡，卻感受不到他的愛，心裡已經一把火，男友如果再多講一句妳不愛聽的話，妳就爆發了，他覺得妳不可理喻，於是就吵起來了。

兩個「很好的人」在一起不一定就「很好」，一天到晚因無法對話而吵架，感情當然不可能「很好」。但理性者與感性者之間還是可以求取平衡的，但那必須在自我了解後，用心去傾聽並接納對方的個性與思路。妳接受男友是這樣一個人，分析有理，但不要對他期待太多；男友也接受妳就是這樣的人，多對妳說些好聽的話，這也就是妳所謂的「各退一步」，就可以不再爭執。

37 男友愛吃醋、疑心重，真的無法再忍受了！

我26歲，在飯店櫃檯服務，閒暇時研讀房地產經紀人課程，希望以後改行。目前與大我10歲的男友住在一起，他任職大公司，收入高，有學問，人也風趣，很會說話，但我們之間的問題是他愛吃醋、疑心重，為此常吵架。我很愛他，但不知能應付他的嫉妒多久。

我絕不會欺騙或背叛他，但他常吃我飯店男客人或男同事的醋，尤其痛恨我跟男性朋友吃宵夜或收發訊息。我已經不和男性友人聯絡了，以免他生氣。有次他下班在家休息，我去健身房運動，一回到家就質問我，剛才一接完電話就出去是去會誰，天啊，那電話是同事打來調班的。我真的無法再忍受了！

專家來解答

是的，妳不能也不應該再這樣跟他生活下去，妳遲早會爆發的，吵架吵多感情也就毀了。此君事業做得不錯，個人心理卻有些問題，非常缺乏安全感，對女人不信任，他的疑神疑鬼已經令他感受不到妳對他的愛，而他對你的愛過頭了也就變質了，只讓妳看到他的控制慾與佔有慾。

妳說為了息事寧人，已經不再和男性友人收發訊息了，妳是為了愛才這樣做，但妳也同時把自己的生活圈縮小了，這只是第一步。男友並不會因為這樣就變得比較信任妳，他連妳接了一個電話後出門都懷疑妳是去跟某人見面，是不是以後妳接電話出門都得一一報告，或者根本連電話都不能接了？男友只是在安他自己的心，未察覺這樣已經嚴重干擾了妳的生活。

男友當然無法全盤控制妳的生活，因為妳不可能讓他這麼做，兩個人都有工作，有自己的生活圈，正常的交往應該是互相尊重與信任，要給對方獨立的時間與空間。目前你倆不平衡的關係已經有危機了，以後妳想要當房地產經紀人，電話會接不完，帶客人看屋的時間也不定，一定不是男友所樂見的。因此如果不想被他控制生活，妳可以選擇離開他。

38 彼此都有很深的成見，是不是分手比較好？

我們是班對，剛開始時因為熱戀期整天膩在一起很甜蜜，但在交往兩個月時我就覺得我們個性跟想法很不一樣，又都很堅持己見，過了幾個月要畢業，我要準備出國留學的各種考試，有一定的壓力，兩人也都要打工，我又上班到很晚，所以沒有多餘的時間去考慮男友的心情與需求。

他希望天天可以講電話，我則希望有自己的空間，就因為許多小事、意見不同而天天吵架，好不容易聽進去對方的想法和好了，隔天又可以吵一樣的事情，如果兩個人都很堅持己見或者很難理解對方的想法，是不是分手比較好？

專家來解答

妳和男友當初相互吸引，注意力都在彼此身上，全心付出，用心感受戀愛的甜蜜，那是單純的兩人世界，但人畢竟必須與周遭環境互動，感情在現實世界中要長存，就得經過無數考驗。才兩個月妳就發現各自的個性及價值觀相當不同，又各自堅持己見，不肯溝通妥協，這就是第一道關卡。

你們的未來規劃似乎也沒有交集，妳要準備出國的考試，男友則是在等待服役或找工作，加上兩人都要打工，又忙又累，妳覺得自顧不暇，無法顧及男友的心情，這就是第二道關卡。因為有兩個月熱戀的美好感覺，彼此心裡還是有對方的，所以男友才希望天天通話，分享生活大小事，而妳激情已褪，渴求自己的空間專注自己的事，又是各不相讓，常常吵架成為必然。

吵架是感情的毒藥，會一點一點地啃噬戀情，因為氣對方而越要對方屈服，當然就不會有心去溝通、磨合，不是吵得更兇，就是逃避不理，則每個關卡都過不去，分手也是遲早的事。建議你倆先分開兩星期，冷靜思考彼此的相容性與不相容性，再約出來認真討論，可以選擇繼續做男女朋友，也可轉化成朋友。

39 渣男痛哭流涕求我再給他一次機會

相戀一年，本來準備要搬進他的小套房同住，但我們有信任議題無法解決，同居就暫擱在一邊了。他好幾次說謊被我識破，我也承認未完全對他誠實。因為他經常騙我，我決定分手，談判時他淚流滿面，要求我再給他一次機會，結果我心軟，又上床了。

下了床，我覺得怪怪的，追問他有沒有做了什麼事，一定要對我誠實。在我逼問下，他說前一晚把在夜店認識的A女帶回家做愛，還沒戴保險套，完事後太累了沒洗澡，今天忍不住又跟我上床。真是晴天霹靂！我這麼愛他，他居然如此骯髒，我家人和朋友都要我甩掉他，但我捨不得啊！

專家來解答

剛開始交往你們都只看到對方的優點，感覺很合得來，進展神速，想天天在一起，所以興起同居的念頭。但交往期間彼此就有事隱瞞對方，起先也許是怕對方不高興，乃是善意的謊言，但經常沒有說真話就是欺瞞了。妳男友經常說謊被妳識破，想必吵過鬧過，且到了妳無法忍受的地步才會想要跟他分手。

男友也許是個性不成熟，從小撒謊慣了，或者他並不是真愛妳，只是利用妳對他的愛，暫時做為身邊的伴侶。妳想盡辦法要處理兩人之間的信任議題，但他似乎並不在乎，這次是因為妳要分手，他積極求和，乃一五一十道出實情。妳覺得他是一個對妳感情深厚可以託付的男人嗎？搞一夜情又不做安全措施，沒洗澡又跟妳上床，他有尊重妳保護妳嗎？他對妳不忠及欺瞞，自己有可能得性傳染病，還因想求和而色誘妳上床，妳的健康存在極大的風險。

妳是個好女孩，不值得被他操縱。一個真正愛妳的男孩不會欺騙妳，會很疼妳、在乎妳的感受。妳現在只是眷戀著當初的甜蜜，不想割捨。如果再走下去，感情一定走下坡，妳可能會被傷得更多，所以還是聽從家人及朋友的勸說，他們才是真正愛妳的人！

40 再多的思念也承載不起兩地的分隔

男友畢業後到外地工作，因工作繁忙，我們大概每個月見一次面。我看重愛情很黏男友，而他獨立又重視自我。我也試著調整自己，看一些自我成長的書，但始終還是一個渴望陪伴的人。我也不是沒有自己的生活，上班之餘會跟朋友聚會或有自己的事，生活表面填滿了，內心卻還是希望男友能陪在身邊。

因為距離的阻隔，我開始跟男友鬧脾氣，問他這樣到底還要多久，以及我們之間發展的大概方向，至少要讓我覺得等待是值得的。但男友說他無法控制事業的發展，無法給我答覆，如果我覺得這樣太辛苦而選擇分開他也會接受。我仍然愛著他，但面對這樣的處境真的很困惑。

專家來解答

妳很不習慣每個月見一次面的遠距戀情，不能像以前那樣經常膩在一起。但因為愛的力量，妳試著調整心態，充實自己的心智及生活，努力維持戀情，卻發現仍感到空虛寂寞，想要男友陪伴在身邊。不滿足的情緒日漸滋長，心情不佳自然就容易鬧脾氣。

聽起來男友是很單純的人，他有穩定的戀情與一份有展望的工作，反正每個月可以跟心愛的人相聚一次，心思都在工作上，圖的也是立業成家，存錢過好生活。男友不是不愛妳，但妳鬧脾氣時令他心煩不安，他熱愛工作，對遠距戀情束手無策（其實他可以做些努力來改進），想想自己既然不能滿足妳的需求，如果妳選擇分開或另交男友，他也不會怪妳，且這樣他就沒有後顧之憂了。

妳老早就看出兩人個性的差異，所以這不是誰愛誰比較多的問題，而是愛情觀不同。妳有愛情自主權，當妳在這份關係中感到不快樂，且對遠距戀情感到受苦時，妳可以選擇離開，反正這點與男友已有共識了；當然妳也可以選擇留在關係中，不求回報的繼續感化男友，但要有心理準備，你們的關係在近期是不會有改變的。

41

經常廝混在一起，什麼時候成正宮？

網路上認識P，聊了幾星期後約出來見面，四個月來每週見面兩次，一般是吃飯喝酒，也去過他朋友的一些派對。那些人好像對我印象不錯，我也很能融入，只是P從未對我或對他人承認我是他女友，感覺上我們就是廝混在一起。

我問過他幾次，我們算不算一對情侶？他都沒向我告白說他喜歡我，卻說在等候時機告白，正式要我做他女友。我其實滿喜歡他的，不知道是否該退一步，等待他求我，或者我們現在已經算是男女朋友了？

專家來解答

妳想要從「廝混在一起」轉換成「正式男女朋友」，P卻說要等待時機才封妳為正宮，這種等待還真累人。P的意思是他還在觀望妳適不適合做他女友，還是他也已陷入感情關係卻不願承認？或是他自己也搞不清楚這是什麼樣的關係？

目前你倆的交往似乎是順利且有展望的，至少妳的感覺不錯。倘若妳很在乎妳在關係中的正式地位，那妳就要給自己設定一個解除曖昧關係的時間表，例如再交往兩或三個月，一旦這個時間過了，妳就去問P，「我們現在是正式男女朋友了嗎？」如果他沒表示，而妳又確實想要有正式關係，則妳可以說，「我已經不想再等待了，所以我們就暫停吧，等到你弄清楚了再談！」

妳自己也可以冷靜一陣子，妳的期待一直落空，心也累了。感情要靠互動與時間來培養，妳們交往的時間尚短且不夠深入，也許妳的要求令P覺得有壓力。妳不妨理智地思考兩人的相容性與不相容性，再決定要不要繼續交往，也就是說由妳來掌握主控權，不再被動等待。

42

如果向他告白，成功機率有多少？

讀高中時就注意到N很帥，那時不熟，考上同一所大學後才比較有互動，如今已大二下。他常傳訊息關心我，天冷時提醒我多穿衣，也會買紅豆湯給我吃。我有事找他幫忙也是有求必應。我曾試探性問他，條件不錯為何不交女友，他回答現在不想。

我也向他朋友打聽他有沒有對其他女生特別好，他們都說N與班上女生沒什麼交集。我真的好困擾哦，他如此照顧我，難道不是喜歡我嗎？那他為什麼對我特別好？若向他告白，我的成功機率有多少？

專家來解答

與N有互動已近兩年，仍停留在好朋友階段，妳將他對妳的關心解釋成有意於妳卻不表白，心中對他產生情意，也很希望他能化曖昧為情愫。但自妳提供的資訊看來，N似乎很滿意目前的友誼。既是高中同學，又是大學同校，本來就有親切感與認同感，他對妳的那些「關心」，其實是異性或同性好友的日常善意互動，但至少他是對妳有好感且信賴妳的，只是他始終未有表達情感的話語或肢體親近的行為，足見他是恪守人際界線的人。

他說目前還不想交女朋友，應該是實話，至於為什麼，只有他自己知道。也許他想以課業為重，或許他還未碰到令他心動的女孩，或者他只想跟妳做麻吉，更或者是因為妳掩飾得很好，他不敢輕易表白，寧可享受目前曖昧的感覺，妳只能自互動中自己去找答案了。

年輕人常誤解告白的本意，總覺得像賭注，不是成功就是失敗。其實告白只是讓事情明朗化，終止曖昧遊戲。妳不知N在想什麼，他也不明白妳的心意，如何能測出成功或失敗的機率？不妨鼓起勇氣向N告白，他若有意，會很高興妳的突破並配合。他若只把妳當好朋友，那妳只好選擇仍舊當好朋友，或者因尷尬而捨棄這份情誼了。

43 在愛情與友情間遊走，怎麼才能突破？

與D認識兩年，算是好朋友，有時相約去看電影或聽音樂會，都會順便用餐、聊聊天，不知道這樣算不算約會。有時候感覺他對我的喜歡超過對朋友的情誼，但當我以為我們的友誼可以走入愛情時，總是來個大轉彎，仍然停留在友誼。

高中時有過創傷，我一直害怕與人連結，不容易相信人，也害怕單獨與男性在一起。但與D獨處會感到安全與自在，談得來又可以信任。我對目前狀況深感困擾，該怎麼辦？

專家來解答

聽起來D欣賞妳的優點，跟妳有話講，也有共同嗜好，所以跟妳成為好朋友，且想要維持這樣的友誼。而妳因為生活中有了一個值得信賴的男性友人，想沈浸在這美好的互動中，友誼的溫暖讓妳冰凍已久的心開始融化，少女之心逐漸有了羅曼蒂克的憧憬。

當妳向某人傳遞浪漫之情時，妳得確定這種感覺是相互的。如果只是單方的心意，對方可能會擔心友誼受損而逃避，則原本美好的朋友關係必會變質。所以妳一定要看清這個事實，尊重這個異性朋友，享受並珍惜這份友誼。妳的創傷想必與感情有關，內心必然有許多死結。

現代社會男女生活中有異性朋友不足為奇，妳也不能只交往一個異性朋友，應該拓展自己的社交圈，何況妳也想談戀愛。建議妳去找諮商心理師解開心裡的結，學習人際技巧，重建對人們的信任，走進人群，則不久的將來，除了好友以外，妳還可以擁有一位情人的。

44

明明是一對，卻總是忌妒我表現比他好

我從偏遠地區考上台北的大學，人生地不熟。班上H對我很照顧，帶我四處玩順便認路，天天在一起，很自然地成為班對，只是這兩年來我發現他並沒有我想像的好。

我考試成績或作業分數比他高他就生氣；公司錄取我暑假去實習，他未通過面試就潑我冷水，說我運氣好，其實實力不夠。此後，當我表現好獲得高分時，我的第一個反應就是害怕他會說出什麼不中聽的話，或者會擔心他的感覺。雖然我們還是男女朋友，但真不知道該怎麼辦才好？

專家來解答

你和H雖然像一般情侶一樣，一起吃飯、出遊、做功課，也談情說愛，但在互動關係中卻含有虐待/被虐待的徵候。妳很會讀書，功課好，也被實習機構錄取，是妳努力的成果，當然應該自豪與高興，也值得被稱讚與鼓勵，不應該懼怕自己的表現超過男友會令他不滿或生氣。

情侶們因相知而相愛，進而相伴相惜，不論順境逆境都要互相鼓勵與支持，但在你們的關係中，他不順心時妳支持他，他卻因妳的好表現而貶低妳，這哪裡是愛護女朋友？連對人最起碼的尊重都沒有。

妳一進大學就陷入H的感情陷阱，也一直在忍受他的個性。現在妳長大了，更有判斷力，覺察到這不是妳要的互動關係，事實上也不是對等關係。而妳卻徬徨不敢有任何舉動，還小心翼翼安撫他的情緒。妳最好逐漸疏遠H，沒有他在身旁干擾，妳可以感受被解放的滋味，享受自己的成就。妳可以去找學校的諮商心理師把事情談開，學習以智慧將男女朋友之情轉化為同窗之誼。

45

上床後就斷訊，這份感情還需要期盼嗎？

我26歲，交過許多男友，上個月認識A，正是我理想中的「王子」。他長相及言行舉止甚合我意，第三次約會我們就進入親密階段，相約去摩鐵，離開摩鐵後各自回家。當晚他有傳簡訊來說晚安，但此後就音訊全無。

我傳過兩次簡訊給他，毫無回應。那次約會迄今已20天了，這情況我該怎麼辦？這是情傷嗎？我是否要繼續傳訊息給他，或者就讓這份感情無疾而終呢？

專家來解答

與男性性交並非進入親密關係的正途，但妳好像是這樣認為的。倘若妳當初在這致命的第三次約會時，多與對方展開身邊人事物的聊天對話，而不是急於發生性關係，妳就能多了解此君，他也會認識你更深，彼此心靈上的親密感自然會提升。妳現在就不會有如此匱乏及混淆的反應。這反映妳對男性及愛情有許多錯誤的觀念，讓妳的情路一直走得不順暢。

如果妳能滿足於短暫的邂逅與性愛，妳大可我行我素，但妳若選擇如此做，是不會長遠快樂的，最急需的補救就是在感情生活這一塊改變觀念，矯正行為。建議妳去做心理諮商，整理自己的戀愛生活，建立正確的性愛婚姻感情觀，學習兩性人際關係。當妳融會貫通身體力行後，妳才會真正遇見心目中的「王子」！

46 拋棄舊愛還想吃回頭草，該原諒他嗎？

兩年感情穩定，我天天曬幸福，但第三年男友卻出軌了。覺得對我失去新鮮感而玩交友軟體，認識了A女，和她分享生活點滴，感覺心動。分手時他說和我在一起覺得累，每天都一樣，一成不變。分手那天我沒哭也沒鬧，但沒多久他來求和，說忘不了我，而且哭得好傷心。

聽共同朋友說他是真的覺悟了，難過到現在還覺得很懊悔。我很無語，為什麼不早一點知道珍惜呢？明知當初他因新鮮感而將我們過去一起經歷的風雨拋在腦後，喜新厭舊，但我立刻又被回憶給淹沒。不知他是真的覺悟了嗎？我到底該不該原諒他？

專家來解答

男友對一成不變的每日互動感到厭煩，上網找刺激卻昏了頭，寧可捨棄同甘共苦的兩年感情，還歸罪於妳，好像自己在這段感情中看不到展望，不得不離開。妳當然很傷心，雖表現鎮靜卻是極度受傷，但也很努力在接受這個殘酷的結局。

男友和女網友根本沒有感情基礎，當密切互動的激情過後，他才感覺到心中的不踏實，不由自主地想到妳從前對他的好而想要復合，想必他在出軌情中已嘗到苦頭。無論如何，這個男人真的不知道自己在做什麼，也不知道自己到底要什麼。妳在療傷階段卻被前男友的求和攪得心猿意馬，他都能將過去的美好拋諸腦後，回憶的湧現並不能保證你們復合後感情會像以前一樣。

妳和他都因經歷情變而不再是以前的你們了，貿然復合有可能落入從前的互動模式，很快又流於一成不變。因此建議你們都冷靜一段時間，自普通朋友做起。若有心復合，則要去做伴侶諮商，重新規劃並學習經營全新的感情生活。

47

男友太黏人，我想要有自主的時間與空間

男友屬於比較黏人的類型，因畢業後我們各自要出國讀書，勢必會轉成遠距離戀愛，這種方式的通病好像是沒辦法給另一半安全感。有一次我們討論出國後的溝通方法，他想要我每天固定打視訊電話給他，而我不希望時間被綁住，我的想法是有事情要分享時就打給他，時間雖不固定，但比較有事情可以講。

我們剛開始交往時若有爭吵，他常常以分手作為威脅，或是不順他的意就生氣，導致我不太敢跟他討論一些感情上的問題，該如何跟他提起這個想法呢？

專家來解答

妳與男友都欣賞對方的優點，儘管一直有些歧見，雙方還是努力經營感情關係。出國念書是妳倆的近程目標，妳認為遠距離戀愛可以一試，而男友較無安全感，對此顯現焦慮，所以他要求每天定時視訊。

每日固定視訊的計畫聽起來好像合理可行，但實施上有困難。人在國外，可能因時差或臨時情況而無法依約視訊，男友屆時等不到妳就會焦慮不安，胡思亂想，甚至抓狂，且如果妳經常因有事而改時間，他就更沒有安全感了。再者，妳們根本還沒出國，完全不知道到時候的生活狀況，當然不能也無法答應他這個要求。

你們的感情不錯，所以很捨不得對方，這是美好的一面，但也有陰暗的一面，就是各有擔心不敢表達，缺乏坦白的溝通。妳怕男友的威脅與生氣，而他沒有能力讀懂妳的心，要妳順從他才有安全感，這樣的感情基礎不夠穩固，遠距戀情也就有風險了，因此你們要坦誠溝通，關心彼此的心情與需求才能解開難題。

48 喜歡為什麼不靠近？

C高瘦斯文，工作穩定，心地善良待人真誠。只是他很少主動聯絡，都是我打電話給他。他說不聯繫是怕感情太深，萬一以後不能在一起會辜負我。認識半年見面不到五次，電話一個星期不到一次，我常生悶氣。問他是否真喜歡我，他肯定地回答喜歡。我很納悶，喜歡為什麼不接近呢？

他不是那種喜歡跟女人搭訕的男人，沒有其他女人，工作佔據了他大部分時間。他總說我是好女人，跟他在一起不划算。我真心喜歡他，不管他有沒有房、車，都願意跟著他。可一直都是我一個人在努力！該主動追求他，還是忍痛放棄？

專家來解答

妳很喜歡C，眼中都是他的優點，甚至認定他是妳男友，然而男女朋友需要有交往有各種互動與分享啊！半年見不到五次，每週打不到一次電話，你們對彼此的了解有多少？可能連普通朋友都算不上。

是妳一直把這份情誼拉到愛情的路上，可是C並未跟你同行啊！C對妳不多話且被動，禮貌性的有問必答。他說「喜歡」妳，但「喜歡」的定義你倆可能有落差，在他眼中妳是個好女孩，他喜歡妳並不表示他想追求妳，他對妳說的話都很婉轉，主要是不想傷害妳，只想與妳維持淡淡的情誼，也許妳會慢慢地知難而退。

感情關係的建立需要雙方都有意，且投入同等的感情，經過互動與分享發展成交流的情愫，如果只是單方面的努力，當對方不想接收時又彈回自己身上，變成感情困擾與心理負擔。妳就是太投入自己的感情，以致看不清現實。該是收回感情的時候了，說「忍痛放棄」有點太沉重，不如說大夢初醒，另找對象吧，祝福妳！

49

曖昧期度假有隱情，我不該追問嗎？

約會了四個月，儘管他表現熱情，頻頻約我見面，我感覺他還有跟其他女生來往。認識一個半月後他過生日，說是和幾個朋友去度週末，回來後就說要跟我成為一對一的情侶，三週後我就搬進他的公寓同住了。

既然住在一起，我當然希望他告訴我和誰去過生日，他以前都會告訴我他一共談過五次戀愛，但這次居然拒絕談論，還說我還是不要知道的好，很顯然他是和另一個女人一起度過的。我愛他，也在乎這份感情，我問他這件事有錯嗎？

專家來解答

你們的關係進展似乎太快，如果在同居前多交往一些日子，妳就不會為生日週末一事如此抓狂了。男友生日時你們才認識一個半月，還在彼此有好感期，他並不一定要找妳過生日，何況那時他並不確定要跟妳成為情侶，因此妳無權過問，也不必因此而難過受傷，別浪費妳的情緒，妳只不過是非常好奇而已！

從男友的情史及他一貫的做風來看，他是個玩咖，比較關心自己的感覺，沒有設身處地為妳著想。過完生日那個週末他就決定要和妳成為一對情侶，妳也順從他，你們的關係模式就是「他主宰，妳聽從」，且妳因為太被此人吸引，一心想和他在一起，沒考慮兩人真正的合適性及同居的意義，很快就應他要求與他同居了。

倘若男友真的不想揭露那個週末的經過，也不願意妳提這件事，而妳又想繼續愛他，那只有自己調整心態，接受目前他已經是妳男友的事實，一起好好過日子。當然也不是說妳這一生就跟定這個男人了，住在一起後各人原形逐漸浮現，妳就會發現彼此的相容性或不相容性，自兩性人際互動中學習愛情，但最重要的是培養自我成長。

50 眷戀前女友，我該怎麼改變他？

與B一對一交往已四個月，我很喜歡他，最近問他我們是否可以公開男女朋友的關係，他居然說還沒準備好，我希望他能全心投入我們的關係，但他好像無意讓關係更上一層樓。

我們約會前五個月他和交往四年的女友分手，現在他倆還有聯絡，每次看到前女友的名字出現在他手機上我就很難過，但他說這只是做為一個朋友的想念，我當然跟他提過，他說了幾次會停止聯繫，專心向我，但事實並未改變，我該等他改變還是斷然離開這段關係？

專家來解答

妳的想法沒錯，男女約會產生情愫心有所屬後，付出的感情應是相等的，你們不僅互稱男女朋友，對外也以情侶姿態公開出現，B表面上雖是一對一與妳交往，私底下卻與前女友曖昧往來，也不肯交代清楚，這就表示他只是在跟妳交往中，並未全心全意付出，還未進入有承諾的男女關係。

你們交往才四個月，彼此認識還不夠深，只因妳很喜歡B，很想加速感情關係，其實是很有風險的。要覺察此君是否真心誠意，妳最好不要再追問他與前女友的互動，也不要光聽他的安撫之言，而是用心觀察他的言行是否一致，及平日的做人處事，在約會時多溝通彼此的價值觀與人生觀，當然也要注意他與前女友聯繫的頻繁性。

妳感覺B也喜歡妳，但他還未準備好投入有承諾的感情關係，倘若他真的對妳心有所屬，就不會和前女友藕斷絲連還不肯向妳坦承。你們互相吸引，交往以來你一心憧憬羅曼蒂克的關係，而他還在三心兩意的階段，該是攤牌的時候了。要繼續交往還是結束這段關係，妳得跟B談過之後再做決定，而每個決定都會帶來不同的後果，請多為自己著想吧！

51 男友要求凡事都聽他的，我快要忍無可忍！

男友非常龜毛，他會看網路按部就班煮美食，還要查書弄懂食材好壞及每道菜的發源與歷史；我也喜歡煮食，但簡單就好，男友則要求盡善盡美，儘管他沒說過侮辱性的話，我可以感覺出他很瞧不起我隨便煮食的方式，且生活中每件事都這樣，我看電影純娛樂，他很愛分析，我純粹享受咖啡，他非要體會咖啡的酸苦醇度，我凡事不求完美，平庸即可，他就不行了。

因為愛他我都順著他，日子久了我不能做我自己，感覺在這關係中不平衡，現在已經到了我不想和他分享任何事的地步，反正都得聽他的，我該如何平衡我們的關係？還是我應該走人？

專家來解答

男友喜歡鑽研學問，事事求完美，是他的優點也是缺點。他希望女友能跟他一樣有「水準」，不但給妳壓力，自己也很難放鬆，兩人更無法自在地去逛夜市吃美食，盡情亂說話或大聲嘶喊。他真的錯過許多「平庸」的生活樂趣，這也許跟他成長的背景與家庭教育有關，如此性格之人應該會經常感到焦慮吧！

妳表面順從，心理一直無法平衡，不能做自己覺得很委曲，甚至到了不想分享生活中大小事的程度，這哪像是親密戀人呢？妳很想突破現狀，又怕傷害到和諧關係，問題在於這只是表面的和諧。當妳內心衝突越來越大，妳也會爆發的，產生不和諧是必然的，因此妳要放開自己，不要再追求他的水準，與男友好好溝通，讓他了解妳的想法，希望他能認識真正的妳。

伴侶間不需要事事相同，口味嗜好可各有所好，男友用心煮的美食必然很不錯，但妳隨手烹煮的晚餐也不會難吃。重要的是要互相尊重，欣然接受，男友喜歡做影評人或咖啡品嚐專家固然了不起，但放鬆欣賞電影享受咖啡也是人生樂事。男友如果疼愛妳，就應該以妳的角度設想，希望妳快樂，除非男友有覺悟，肯配合妳的努力，否則這段關係前途堪慮。

52

期望男友能將戀情與家庭生活劃清界線

我30歲，家在南部，因工作關係在台北與女同事租房同住，交往兩年的男友是台北人，與父母同住，所以我經常到他家，週末下午及每日晚餐時間大部分都與他家人相處，他家人生日或節慶更是整天的活動，我得幫忙跑腿做一些事。

我們很少有時間單獨相處，我試著與男友談過幾次，我固然喜歡與他家人相處，但我們也需要單獨的空間與時間來發展關係。我不知道他到底有沒有聽進去，還是我要求過分了？我知道他有家庭壓力，但我真希望他能畫好界線。

專家來解答

男友年紀應該與妳差不多，他自小住在家裡，受家裡保護，家庭關係緊密，生活都圍繞著家庭轉，所以他一交女朋友就得帶回家裡，讓妳融入他的家庭生活，讓他的家人接納妳，而要進入這個家庭系統，妳得投資很多時間與心力，才不會被視為外來者或多餘的人。

男友愛妳，希望妳成為他的家人，理所當然要妳在他家與他相處，他完全沒為妳著想，妳倆還在交往期間，妳為什麼要從獨立個體融入他的家庭系統變成家人？他等於在強迫妳改變自己，變成他家庭成員之一，聽起來妳的確花很多時間在他家，妳已經開始感到厭煩了，期望男友能將戀情與家庭生活區隔出來，既然是妳不想要這樣的交往生活，妳就該自己畫好界線，而非指望男友。

先給自己找出空間與時間，例如週六下午報名瑜珈課，週三晚上與好友吃飯，週日留給自己打掃房間睡懶覺，不一定要把所有空閒的時間都給男友。妳不在他身邊，他若想和妳在一起妳就要求他出來，兩人單獨出去玩。他如果重視妳，順妳的心，則妳也會心甘情願花些時間陪他享受他的家庭生活。

53 現在不想定下來，未來可以期盼嗎？

在網路上認識A，見面後相談甚歡，就開始一星期一次的約會。目前已經四個月了，我們遊山玩水，互請吃飯，也親熱過，我對他的情緒連結越來越強烈。某晚我提出要求，希望成為一對一的正式情侶，這樣我就可以公諸於親友了。他卻平靜地說他一直在交友網站上很活躍，雖不是約炮那一種，但常約女生出來。

他認為未來我們可以發展有承諾的關係，但目前他必須先處理一些事情。我覺得很不安，是不是我們的關係中缺少了什麼？我們還有希望嗎？

專家來解答

妳覺得時機成熟了，可以要求A正名你倆的關係，也幸好妳在此時說出妳的期待，他也回應了他想要什麼。目前他還不想承諾一對一的關係，如果妳是抱著他終究會選擇妳並和妳定下來的期待與他繼續約會，恐怕會失望的。已經約會四個月了，如果他對妳的感覺如同妳對他一樣，早就想進入穩定關係了。

A沒說他要處理的是哪些事，很可能是和網路上交往的女人有關。他這樣說好像對妳很誠實，但也可能是拖延或不想定下來的藉口。他也知道妳是好女孩，所以不想放棄，但他根本捨不得放棄網路交友的樂趣與刺激。雖說不是約炮，但他若是意志不堅或者也躍躍欲試，情況還是很難說的。

如果妳已經情不自禁與A有了親密關係，一定要確保自己的安全，使用保險套是必須的，預防性傳染病及懷孕。現在妳對他在感情方面已經了解更多，想必對他不像以前那樣投入了，要多方觀察他的言行，小心保護自己，在他沒有承諾穩定關係前最好避免有性關係。

54 近水樓台，真想跟公司的帥哥告白

我是社會新鮮人，剛到一家大公司上班，因業務關係與隔壁部門的A常有接觸。我很喜歡他的長相，也很欣賞他的談吐，他很會穿衣服，看起來帥帥的。因為經常看到他，覺得自己喜歡上他了。我知道自己剛起步，在公司要很小心。

我想找機會跟他告白，又害怕如果我的告白他沒興趣，也不給我機會，那以後在公司相見會很尷尬，我要如何做才不會傷害到感情與我的工作？

專家來解答

妳剛進入大公司，要學習的東西很多，職場人際關係就是重要的一項，僅因為業務上的可接近性妳就喜歡上A，儘管他是妳喜歡的類型。這樣的表現實在不夠專業，也就是在辦公室中妳看他是「男人」高於看他是「同事」的成分，那妳如何能專心工作？同事們又會如何看待妳這位新進的小女生？妳是來找男友的，還是來學習專業的？

妳和A尚無私交，也不知他是否有女友，更不適宜向別的同事打聽，因此憑著情感衝動貿然向他表白並不恰當。妳可以很隨意地在中午用餐時約他去喝杯咖啡、聊聊天，絕不能有約會的心態或浪漫憧憬。如果他也想休息一下，便一起下樓喝杯咖啡，但這不表示他一定對妳有興趣，所以請不要想太多，妳可藉機多認識他一些。倘若他拒絕了，妳也得接受，不必覺得尷尬或受傷，人家本來就有拒絕的權利。他的拒絕訊息傳達你們二人只是同事之誼，如果你們在工作上配合得宜，他必會尊敬妳欣賞妳，未來還是可以發展友誼的。

55

因網路遊戲發展出情誼，卻沒有勇氣約見面

最近玩網路遊戲認識B，天天一起玩遊戲，相談甚歡，常常聊到半夜。B明顯對我的大頭照感興趣，以為我是正妹，積極示好。我對自己沒信心，怕B看到本人會失望，不停閃躲，經常顧左右而言他。

我雖然不喜歡B的長相，但欣賞他的個性，對他有好感，我倆皆沒有交往經驗。我是否是因為對戀愛有憧憬，而B又常與我接觸，才會對B有好感？我不懂喜歡的感覺，愛情有可能有錯覺嗎？我不敢和B見面，是否應該停止高頻率的聯繫？

專家來解答

妳想交男友，卻因沒自信寧可躲在虛擬空間內聊天到半夜，對方也想交女友，如果他的邀約老是被拒絕，他可能會去跟一些願意跟他見面的女網友交往，那妳不但失去交男友的機會，連網路上的「好友」也做不成了。

不能因為妳自己是外貌協會成員就認定B也是，且對號入座，認為自己不是他欣賞的正妹，擔心他會失望。這一切都是妳自己想的，完全是妳對戀愛的負面憧憬。其實妳和B連面都還沒見上，目前只是網友，能不能成為男女朋友還不知道，更別說談戀愛了。妳不欣賞B的長相，但妳感覺網路上的他個性不錯，而B看了妳的大頭貼產生好奇，且因相談甚歡想約妳出來，彼此既有好感為什麼不當面認識一下？

見過幾次後如果那種好感還在，甚至更多，則表示你們是可以進一步交往的朋友。與對方有較長的時間相處，較多的想法分享，看到彼此的優缺點而有情愫產生時，才算是進入男女朋友的階段。當然也有可能約出來見面後，覺得跟網路上的印象差太多，也許是他失望，或妳失望，或者兩個人都失望，這樣就連網友都做不成了。

56 四角戀畸形發展，該如何找回自我價值與尊嚴？

我劈腿T後與男友分手，T雖與我交往，卻仍與女友同居。這樣糾纏了四年，六個月前我結束了這段戀情並去做心理諮商，想要學習如何再愛自己。我沒有再與T聯絡，但因是同事，每每在公司相見，雖然尷尬，但回去後還會想他。

想到他想到往事，我很不自在，恨不得有地洞可鑽。我相信保持距離是對的，但我必須因應這些不舒服甚至痛苦的事後感覺到底還要多久，這是療癒過程的一部分嗎？我沒有朋友，沒人可訴苦。我該如何找回自我價值與尊嚴？

專家來解答

妳之所以離開原先男友，屈居小三，想必T是有魅力的男人，令妳著迷，讓妳在三人行中浮沉四年之久。因這樣的關係不是妳想要的，只好忍痛提分手，而T仍然以女友為重，顯現他真的不夠愛妳，所以妳心中有遺憾也很難堪。自另一個角度看，他未爭取留妳，是希望妳能早日找到一份完整的感情，妳主動離開他也是想追求一份真實的愛情，只是過去幾年妳太專注於自己的戀情，以致疏於與朋友建立情誼，所以現在覺得滿腹心事無處訴。其實諮商心理師是妳可以傾訴的最好對象，任何想法都可揭露，各種情緒也可宣洩，是一種止向的療癒過程。

分手的男女在公司仍會見面，的確令人窘迫。看到T時只要把他當同事，與其他同事沒兩樣。妳刻意保持距離是對的，但妳不必因為過去種種而覺得自己沒有價值及尊嚴。妳還是原來的妳，能走出三角關係就是有覺醒有洞察有行動，改正錯誤永遠不會太遲。不妨與諮商師討論這個議題，並學習人際技巧，好好地交幾個好朋友，日常生活中既可陪伴又可談心。

57

遠距戀情失溫，該不該放棄？

在交友軟體認識B，他是我的初戀，相處一週就在一起了。我是學生，他是上班族，生活上有很大差異，白天各忙各的，只能晚上講電話。我住台北他在台中，通常一個月只見一次，即使見面相處時間也很短暫。我們在一起一年了，時間久了，遠距離和生活上的差異造成相處出現隔閡。

我倆相隔半個台灣，平常就像一個人生活，不像男女朋友，也沒什麼共通話題，只能聽著對方訴說每天發生的事情，聊天也逐漸失去溫度。我還是很愛他，卻對遠距戀情有點疲倦，思考後向B提分手，他不願意，我也無法狠下心就這樣放棄，該怎麼辦？

專家來解答

妳和B身分不同，所處的生活環境亦不同，在網路上認識後很快就相戀，是緣分也是風險。兩人的差異帶來新奇與冒險，互相吸引，聚少離多反而促進燃燒。但熱戀期一過，感情穩定生活成規律後，聚少離多成了感情的慢性毒藥，尤其妳又常看到校園內的情侶成雙成對，自己卻是形單影隻，很難覺得愛情的溫度，乃萌生去意。

B是上班族，日常以工作為主，認識妳之後生活必定增添許多色彩，愛情填滿他下班後的生活，他滿足於現狀，對未來還未想太多，所以不願意分手。而妳還是學生，未來還不確定，只想要身邊有人陪伴。也就是你們對關係的期盼已經不一樣了，且對此妳會越來越不滿足。

遠距戀情不是不可行，而是雙方都要認定彼此，有同樣的生活期待與人生目標。妳的學生生活套不上B的工作生活，交集的確不多，而妳畢業後要找工作，面對的適應與挑戰很多。如果妳認為B不能在妳最需要他的時候陪在妳身邊，那妳提出分手是正確的，因為這份感情關係經過拖拖拉拉，遲早也會慢慢淡化的。

58

攪進奇怪的三角關係，該怎麼做才好？

和H因打工認識而交往，感情一直很不錯，離職後和他仍穩定見面。交往幾個月後H的朋友告訴我，其實他從以前到現在都還跟高中學妹見面，也會一起出去玩。我知道後雖然不高興，也不能說什麼，但感覺很心痛。

我問過他，他說他們之間沒什麼。但某一天我不小心發現他高中學妹社群網站放上兩張和他擁抱的合照，我真的非常生氣，想要提分手。但我對這段關係還是很在意，不想默默退出，且他也不想分手，所以目前處在一個很奇怪的三角關係裡，該怎麼做才好？

專家來解答

妳和H「交往」、「感情不錯」、「穩定見面」，到底是交往初期的男女朋友，還是已經陷入熱戀的情侶？兩人若相知相愛相惜，必會互相傾訴心事及過去種種。看來妳對H認識不夠深，連他經常與高中學妹見面都不知道，問過後他除了否認與學妹間有情愫，也沒注意妳情緒的變化，這樣的互動算是知心戀人嗎？

也許是高中學妹一直喜歡他，對他好，他無法拒絕，也可能他們有曖昧關係，但H又被妳吸引，而他又是個不會處理感情關係的人，所以任現狀持續，又或者他根本只是在跟妳玩愛情遊戲。不論是何種情況，都得要妳自己去找出答案，而不是默默承受，表面上平安無事照樣交往，心裡卻有隱憂而很不快樂。既然妳很在意這段關係，就得做些努力，不光是因為學妹，而是就關係本身的品質與進展與H好好溝通。

妳希望兩人的關係是坦誠的、真實的，互相體諒、支持的，且應逐漸進入彼此的生活圈朋友圈，生活才能融合，心靈才能緊密。因此請H邀學妹出來一起出去玩或用餐，如果他不能坦然面對妳的期待與建議，只想保護學妹，那妳就必須下決心與他分手了。

59

郎有情，妹無意，拒絕好難！

選修某課認識W後，常用通訊軟體聊天，我把他當普通朋友，幾天回覆一次，現實生活並無太多接觸。一個月後他開始約我出去玩，並在我生日送禮物，我隱約察覺到他對我有意思，但我只想和他當普通朋友，找了各種藉口拒絕邀約，並減少回覆訊息的次數，結果造成他不滿，連朋友也當不成了。

當覺得對方疑似想追求，不想讓對方誤以為有機會而越陷越深，突然疏遠又怕傷害到他，該怎麼做比較好？他送價值約四百元的生日禮物，我收了怕欠人情，又怕對方誤會，本想拒絕，但他說是為了我生日特別買的，自己留著也沒用，這種情況該如何處理？

專家來解答

W一開始就看上妳，因互動機會不多，且他是個怕被拒絕的人，乃小心翼翼地跟妳在線上聊天。即使妳幾天才回一次，至少是持續回覆，他感覺未被拒絕，因此存有希望，以為假以時日就會打動妳。送生日禮物一事的確有些唐突，你倆的交情似乎還未到那一步，這就表示他已經很在意妳了，想要討妳歡心。

妳就是考慮太多了，當直覺告訴妳W對妳有意思，而妳確定他不是妳的菜，就得明確地表達態度，而不是被動地與他曖昧互動。妳雖然保持距離，但他沒感覺到妳微弱的訊息，才會在抱有希望之後因遭遇各種藉口，發現自己原來是被拒絕，還可能覺得妳在耍他，自然是惱羞成怒，將妳列為拒絕往來戶。

W喜歡妳是他的權利，邀妳出去及送生日禮物也無惡意，是他對妳心儀的表態。如果妳覺得自己處理不當，可以寫封信給他，妳心裡完全明白他對妳的好，也感謝他的生日禮物，因線上交往而發現他是談得來且可建立友誼的人，所以請求他原諒妳曖昧不明的態度，不計前嫌，持續做普通朋友或好朋友，不論他願不願意，至少留給他面子，妳也做了妳該做的。

60

不在乎年齡差距，只在乎曾經擁有！

我48歲，從未結婚，因保養得宜，身材良好，一直在享受男人追求，也曾有過幾段親密關係，就是一直未遇到真命天子。幾個月前遇到28歲的J，聰明風趣高且帥，我瘋狂地愛上他，絲毫不感到年齡的差距，而他也以為我才30出頭，後來知道我真實年紀也不介意。

我們打算同居，我的好友都嚇到了，強烈反對「母子戀」，還不准我說是「姊弟戀」，要我認清現實，另找對象。J告訴我將來他要娶妻生子，所以有一天我們會分開。我們目前熱戀同居恰當嗎？我了解他的長遠計劃，但我要及時行樂，管不到未來啊！

專家來解答

相差20歲的情侶的確比較像母子戀，不過妳樣貌及心態年輕，看起來是姊弟戀。妳和J兩情相悅，不感覺年齡差距的影響，又都沒談過姊弟戀，對彼此而言是一種全新的經驗，因此兩人都瘋狂投入。在這個時間點上相遇而相戀，感覺必是美好的，忠言逆耳，誰也拆不散你們。而感情本來就沒有對錯，兩人都是單身成年人，當然有權選擇對象談戀愛，但同居就有點複雜。

對許多人而言，同居是試婚，或是結婚前的準備，先共同生活以求各方面的磨合，但同居前要先討論生活開銷要如何安排？金錢是最敏感的問題，如果沒先討論，同居後問題會逐漸浮現，衝突迭起。

J雖然喜歡妳，但可能沒有妳喜歡他多。他其實已經看到年齡差距，知道妳已近更年期，不能生育，所以很誠實地說他還是要結婚生子，遲早會離開妳的。這也是妳好友的擔心之處，怕妳陷入太深會受傷，因此請認清現實，J是妳生命中的過客，不是妳的真命天子，妳可以選擇只談戀愛、同居也談戀愛，或主動分手，請慎重考慮，要保護自己。

61

明明缺點一堆，卻還是很愛他

男友37歲，我32歲，五年前開始同居，他有許多幼稚的行為真的讓我覺得很累。他衛生習慣很差，不愛洗澡，減低了我親近他的慾望。

他對我們共同生活支出貢獻甚少，總是說不會理財，薪水都用光了，沒拿錢回家，絕大部分開銷都落在我身上。什麼事都要三催四請才勉強動手做，明明很氣卻還是愛著他，因為他也有很多優點吸引我，於是我讓那些小事吵過就算了。不知有什麼方法能讓男友成長？

專家來解答

妳們同居之初男友已經32歲，他的個性及生活方式那時就已經固定了，只是妳被戀愛沖昏頭，什麼缺點都沒看到，只覺得很甜蜜很開心。逐漸地，他的本性與習性浮現，妳看不慣，說他幾句，他仍然我行我素，但妳還是包容他，時間一久，妳變得「嘮叨」，他當耳邊風，反正你倆相處的模式就是這樣，他的本性加上妳的縱容！

已經住在一起五年，妳還天真地想要激發此君「成長」，有點太晚了。男女戀愛，不論未婚、同居或結婚，應是有建設性地發展及經營感情關係，兩人的感情付出均等，多為對方著想，把家裡的事當成自己的事，相知相惜，相互體諒。妳認為男友有做到這些嗎？洗澡是最基本的個人衛生問題，他自己不愛乾淨也就算了，他有尊重枕邊人嗎？妳當初就是看上他的很多優點才和他談戀愛，到現在還故意告訴自己要忽視他的缺點，因為自己很愛他。

事實上妳的忍受已經到極限了，只是不想承認，而且也習慣了同居生活，妳可以接受他就是這樣一個人接著與他相處，但妳會越來越不快樂，所以妳必須開始思考這段關係的去留。

62

我提同居，男友的反應是遲疑與焦慮

我們都是社會新鮮人，男友工作最近獲得升遷，搬離父母家在公司附近租了一層舒適的公寓。我就提醒他，大學畢業典禮時我們曾討論過要住在一起，所以我想搬去同住。沒想到他的反應不是興奮開心，而是遲疑與焦慮，最後他還是答應了，不過我敏感又困擾，不想搬了，因為他並不是真心想要同居。

我很想大聲對他說「同居是大事，我可以等到我們兩個都準備好了」，然而我真覺得好受傷，且是被最信任的人背叛。我看到很多年輕情侶都住在一起，我好忌妒啊！我該如何處理情緒，尤其當以後我去他住處時面對他要我「遠離此地」的感覺？

專家來解答

妳也承認同居是件大事，那妳所看到那麼多的同居情侶他們是否也認為同居是件大事？妳只看到他們出雙入對，並不知道每對情侶都有他們的步調與時間，想必也是一一克服障礙才實踐同居的。一般而言，如果貿然同居，分手的機率高且會分得慘烈，家家有本難念的經，情侶亦然，因此妳不需要因自己的需求未滿足而去羨慕他人。

妳對男友誠實，他也對妳誠實，但他還是在妳的壓力下答應同居。只是他的首肯對妳而言不夠心甘情願，所以妳決定不搬了，男友必定如釋重負，但妳心中仍有疙瘩，「同居」也成了你倆之間的敏感議題。你們要誠懇溝通，將心中顧慮、疑問都倒出來，互相交流了解，感情透明才能使關係更上一層樓，而妳本來想說的話也可以大聲告訴他，當他準備好時請讓妳知道！

既然不同居了，不論妳住家裡還是自己住，除了努力工作外，致力於提升自尊，檢視自己的敏感性與固執，加強心理建設，讓自己成為一個更好的人，則不論你倆關係是變好或變壞，妳都能夠自在面對，處理自如。

63 男友沒有事業心，我們會有未來嗎？

男友大學畢業當完兵後就在便利商店當店員，後來升店長，就沒打算換工作，我則在大公司擔任總機，工作忙但下班後就沒事了。我一直催促他參加各種考試，多拿一些證照，以便找到穩定的工作，才能脫離低薪的服務業。他覺得這樣很好，也很自在，薪水也夠養活自己，所以不想改變。

然而有好收入好工作對我而言太重要了，否則我家人是不會讓我嫁給他的。我們經常為這件事爭執，他一火大就說「妳為什麼不自己去考證照？」，他都不為我們的未來著想，我好難過！

專家來解答

男友說得沒錯，如果一份穩定的工作及像樣的薪水對妳來說很重要，妳就應該自己去追求這個有價值的目標。妳男友這幾年至少是安於現狀，他在便利商店這個行業中努力工作，累積經驗及公司人脈，也小有成就感，他覺得那是他可以打拼的空間，所以不想依照妳的期望去考證照找白領工作。

男友不是不愛妳，只是進入社會後你倆的價值觀越來越不相同，他還未準備好要採用妳的價值觀。雖然你倆薪水都不高，他可能想可以養活自己，而妳也可以自給自足，以後結婚應沒問題，但妳和家人就不是這麼想了。價值觀的差異不是誰該讓步，而是要用心溝通，潛移默化及用心領悟。強加自己的期待在男友身上，不僅會常爭吵，男友也會因感受壓力而想逃避妳。當然妳的價值觀是來自父母，但妳的婚姻妳可以自主，因此專注在妳與男友的感情最重要。

你們都還年輕，一邊談戀愛一邊工作，也同時找出自己真正的興趣及人生價值觀。即使兩人都安於現狀，也不保證感情就不會生變，但如果找份好工作獲得好收入真的對妳本人很重要，那就起而行之，自己努力吧！

64

男友是家務白癡，該怎麼勸導才好？

每次去男友家，我都要盯著處理垃圾的事，而且就算我盯著他，他還是會把塑膠袋、衛生紙之類的垃圾塞到飲料杯丟進回收。如果我不盯著，他就完全不管，一般垃圾和回收資源都丟同一袋，我不懂他為什麼可以懶成這樣。不管我用罵的或是好好講都沒用，每次去都是我幫他收拾垃圾。

男友覺得我到他家幫忙整理是應該的，甚至連他室友都覺得我沒幫他處理好是我的問題。這讓我疑惑我到底是他女朋友還是女傭？該怎麼勸導他才好？

專家來解答

男友在自己家裡可能連一根手指都不動，一切由家人包辦。搬到外面住，只會製造垃圾卻不會處理與善後。現在有了女友，因為看不慣他房間的亂與他的懶，不論妳如何嘮叨，但每次都還是會幫他收拾乾淨，他就覺得反正垃圾會消失，幹嘛自己動手？

其實他的問題很大，除了懶，也沒有環保意識。也許他很會唸書，人緣好也會玩，有許多妳欣賞的優點，但他似乎缺乏個人生活技能，宿舍裡的作息生活連室友都嫌，妳的體貼及勤勞使得他與室友都寄望妳，只要妳一來垃圾就得以歸類就位。因此為了幫助男友也救贖妳自己，最好的方法是教育他、改變他。

大前提是妳暫時不要出現在他的住所，他得對自己所處環境的整潔負起責任。太髒亂時他的室友也會不悅，他一定會懇求妳去幫忙。妳就要利用平時見面或約會時的言談，喚醒他的環保意識及做好整潔的必要性，鼓勵他每天花幾分鐘時間清理垃圾，並加以分類，若他做到了，一個月後妳就會自動去他住處找他。

65

還沒準備好發生親密關係，男友為此翻臉

來台北替交往四年的男友慶生，卻和他發生爭吵，原因是他不滿當晚我不留宿他家，而跑去女性好友家住，並拒絕與他發生親密關係。男友指責我不信任他，在爭吵中男友說他尊重我，且願意等待，直到我答應發生關係的那一天，但是要給他一個期限。

當時我明白表示還沒打算發生親密關係，無法給他確切答案。在兩人都不肯妥協的情況下，爭吵不了了之。我心情很低落，認為不該為了安撫男友就和他發生親密關係，但又不知如何和他達成共識。該怎麼做才能同時兼顧自己的想法和男友的心情？

專家來解答

妳特地北上替男友慶生，他非常高興，期盼與妳有個浪漫的夜晚，沒想到妳卻去女性友人家留宿，他的期待與憧憬落空了，非常失望甚至不悅。你們之前難道沒說清楚妳到台北的行程嗎？他是不是誤會了？四年的交往，妳一直拒絕男友的求歡，還是你倆根本就還沒談過這個議題？

男友雖指責妳不信任他，其實他是很想和妳有親密關係的，嘴上說尊重妳的意願，仍然強烈要求必須給他一個期限。這樣的態度令妳不舒服也擔心，妳不想為了安撫他的情緒而做愛，但又害怕他生氣不理妳。想法有落差，關係必然產生衝突，想化解必須面對面就此議題討論，了解彼此對性愛感情的價值觀，慢慢溝通才能有共識，這需要花些時間、愛心及耐心。

妳可以先去找諮商心理師檢視自己的性愛觀，是因為道德觀還是怕懷孕？還是雙方感情未發展到那一步？抑或自己心理上還沒準備好？先對自己有充分的了解，即使面對妳心儀的男人，也絕不勉強自己去做不想做的事。因此妳可以告訴男友，妳不是拒絕他，是還沒準備好，目前無法給出期限，但會往這個方向努力。如果男友僅因為妳不肯發生關係而離開妳，妳是不值得為他傷心的。

66 交往基礎未穩固就談遠距戀愛，擔心戀情早衰

與K打工認識，三個月後交往，因學校各在台北及台中，算是遠距離戀愛。平常互動良好，或許是熱戀期，每天都視訊通話，報告生活大小事，就算不聊天，看著對方也覺得很幸福。室友們也都知道我們感情很好，K也有加她們的社群軟體，很有心的想了解我的生活狀況。最近他出車禍，怕我擔心沒告訴我。

我透過室友的手機社群得知消息，很擔心，但也順水推舟裝作不知道。事後他有跟我坦承，但我已因這件事開始對他有不信任感，擔心在交往基礎未穩固的情況下就談遠距戀愛會走不長久。我該如何面對這份關係？

專家來解答

妳對遠距戀情好像沒什麼信心，可能因為看過太多走不下去的案例，但事在人為呀，何況你們只是台北到台中的距離。從決定交往後妳和K都很熱情很投入，很有幸福感。既然兩人的心都在對方身上，妳就應該好好的享受戀情，也因為遠距戀情才更需要打好感情基礎。男友因為不想讓妳擔心，沒告訴妳車禍一事，妳覺得他不夠坦承，更不高興是從室友手機中得知，對他失去信任感。

其實是妳自己對遠距戀情沒有安全感，所以不能體會他的用心良苦，他之所以告訴妳室友，並沒有要欺瞞你的意思，可能認為妳遲早會自室友處獲知的。

妳在意這件事的心情可以了解，但僅因一件事就對K失去信任，似乎是對自己的懲罰。K既已向妳坦承，就表示他在乎妳，妳應該趁此機會跟他溝通，讓他知道妳心裡的感受，不論好事壞事，身為女友都希望是第一個知道的，自己有任何事情也會在第一時間與他分享，兩人互道出感受與期待，達成共識，也是遠距戀情重要的感情基礎。

67 還不想交男友，需要減少和異性的互動嗎？

相識兩個月T向我表白，我們每天問候且相談甚歡，過程中T曾問我是否想更近一步發展。我其實對他也有好感，但因為是獨生女，擔心父母不接受，也怕影響課業，另外覺得還不夠認識T，所以常迴避且不予回應，但持續保持互動。

如果目前我還不想交男友，需要減少和T的聊天次數嗎？我怕一直聊天會讓他覺得有機會。另外，因為他的女性朋友多，我比較沒安全感，但不想T因為和我交往而減少和朋友的互動，也就是不希望他因為我而改變自己，不知這樣交往後會不會帶來很多困擾？

專家來解答

妳和T互有好感，經常聊天互動，現階段妳想維持朋友關係，T卻想要發展戀情，兩人在期待上有落差。是否是獨生女與談戀愛不相關，問題在於妳自己是否準備好要談戀愛，有時擔心太多反而會讓妳躊躇不前，失去機會。目前看來妳對T的確認識不夠深，感覺也沒那麼強烈，心理上還未準備好。

一方面迴避或不予回應，一方面又裝沒事繼續聊天，的確會令T混淆，他或許會認為妳是害羞，不給正面回應，所以應該還有機會，仍抱著希望繼續與妳互動。如果妳現在真的還不想談戀愛，又不願失去T這個朋友，妳就得面對現實，坦誠告訴他，妳對他的感覺以及所有的顧慮，把球丟回給他，看他是願意繼續當朋友還是另謀發展。

另外，T的女性朋友多，妳沒安全感，所以妳需要多觀察多了解T的個性及為人處事。光在網路上聊天是不夠的，朋友也可以約出來見面，把話講清楚，恪守人際界線。他如果不是生性花心，而是人緣佳，所以男女朋友交往多，那即使你們談戀愛妳也不能限制他得減少與原本朋友的互動，而是要信任他尊重他。

68 男友的前女友不斷糾纏，真傻眼！

與男友交往四個月，我們都很喜歡對方。他九個月前與女友分手，卻經常收到她發來的訊息，主要是談還他欠款的事，但最近居然每天發訊息，諸如「我心情不好，請回覆我」、「不知道還有誰能讓我有安全感」，或是「親愛的，我等不及再回到你身邊」，他們往來的訊息男友全向我公開。

但除了談還錢，男友從未回她訊息，她卻一直想辦法要跟他對話。我真受不了，好想發訊息給她請她自重，但這樣好像有點過頭。男友說等她把錢還清就刪除她，我擔心此女會故意賴著尾款不還，找藉口糾纏我男友，該怎麼辦？

專家來解答

男友對妳透明化的做法是正確的，妳讀了每則訊息，確知沒有隱瞞，對他信任又安心，然而妳也因此捲入他與前女友的糾葛，給自己帶來煩惱，越來越受不了。不過妳真不該聯繫她，因為這不關妳的事，妳又還沒擁有這個男人，沒權利去告訴某人不可與妳男友聯絡。

前女友說出想要復合的話，男友若不決絕回應讓她死心，她可能會一直抱持希望，繼續表達情感。男友的不回應等於是在還款期間消極地將她吊著，雙方似乎還在互相操縱，因此男友針對償還借款之事應不帶情感地積極回應，甚至規劃每次還款數額及日期，以求早日結束借貸關係，不要再給前女友機會糾纏了。有機會不妨與男友懇談，了解他與前女友的金錢往來，也可幫助妳多認識此君，畢竟你們才交往不久，多觀察多了解才能決定是否要繼續往前走。

69

心猿意馬，不知該怎麼取捨？

我有個已交往兩年的男友B，目前是遠距離戀愛，但我在學校認識了很不錯的C，也漸漸對他產生好感，因為辦活動的關係相處時間很多，對他的喜歡也越來越強烈，但和B還是交往狀態，且B對我很好，我倆算是穩定交往中。

我想和B提分手但不知該怎麼說，我認為自己這樣很不好，但卻無法克制喜歡C的心情。像這樣的情況我該聽從自己的心，還是繼續和B交往？如果要提出分手，該怎麼說？

專家來解答

妳和B交往兩年，關係穩定，照理說妳心中應是充滿對他的愛及思念，然而妳的注意力已經轉移到C身上，由於他就在眼前，又因辦活動有許多互動，要聊天要吃飯隨時都可約見面，他已經逐漸取代B在妳心中的地位了。但妳還是很享受與B的感情關係，也深知他對妳好，但又忍不住想和C交往。

現在的問題是妳自己必須看清楚，C固然是談得來有良性互動的朋友，但他真的比B更適合妳嗎？還是他只是代替B填補妳生活中的空虛？妳表示對C的喜歡越來越強烈，對方是否也對妳有相同的感覺呢？他是如何看待妳跟B的感情？

妳目前被強烈的感情衝動所驅使，想片面提出分手，這樣對仍沉浸在愛河的B公平嗎？當然感情是無法勉強的，倘若妳去意已決，應該趁早向B坦承，感謝他對妳的好，及帶給妳兩年的快樂，只是妳的情感狀態及心理需求改變了，加上又是遠距戀情，妳無法在這段關係中再繼續投入，與其逐漸疏遠或強加掩飾，妳選擇好聚好散，希望B能諒解，不要用C來刺激或傷害B，強調和平分手。即便他以後獲知妳和C在一起，總比因C而分手的傷害來得小。

70 曖昧對象是雙性戀，震驚又感覺受騙

我是W的直屬學姐，因直屬關係固定在線上聊天，越聊越來電，雙方都有了好感。某次下課我決定約他一起看電影，於是前往宿舍外等他下課回來，結果路上撞見他與一個與我同屆的男同學Z同行，甚至有些親密的接觸，例如牽手跟摟腰。乍見此景，我倍感受騙，想迅速離開現場，卻被W不小心瞥見。

事後W承認自己是雙性戀，Z也是他的曖昧對象，但他認為曖昧對象不是只能有一個，認為我仍然可以跟他繼續曖昧。在得知此事後我漸漸不願見到W，雖然仍喜歡他，但不認同W有兩個曖昧對象的事實，更不願接受他另個曖昧對象是男生。我仍然愛著W，不知該怎麼做？

專家來解答

曖昧關係並不完全等於親密關係，它包括雙方未承認卻互相或單方有意的關係，或地下親密關係。妳和W屬於前者，他和Z屬於後者，如果沒被妳撞見，W不會告訴妳他的感情生活另有其人，妳就以為妳和他是一對一的交往關係，有進入情侶關係的展望，所以妳震驚、失望、感覺受騙。

這問題不在於W是雙性戀或異性戀，而是他的性愛感情觀與交友態度。他試著與男生及女生交往，本來並沒有錯，但只為自己的喜好著想，卻沒顧慮妳的感受，如果沒被妳撞見，你倆還不知會發展到什麼程度，且三角關係同時在進行。

妳對W的喜歡是因為固定在線上聊天累積出來的，兩人也還沒深入交往，怎麼能說是愛呢？妳已經很習慣此人出現在妳的網路世界中，也想發展到現實生活裡，本來交往看看無妨，但他無所謂的態度妳能忍受嗎？同性戀的Z如果知道妳存在W的生活中，也一樣會感到受騙難過，所以這樣的W真的值得妳投入感情嗎？妳現在的情況是理智與情感在鬥爭，若理智戰勝情感，情關就容易過了。

71

男友不准我在社群媒體曬恩愛，我該妥協嗎？

與男友交往一年，算是相愛，他很不喜歡社群媒體，而我在未認識他以前就一直在IG上放照片寫心境。自他成為我生活重心以來，我當然想與每個人分享我們的互動與感情。但他認為社群媒體很膚淺又缺乏隱私，要求我私下記載我們的關係即可，不需要別人觀賞照片或知曉太多。

爭執幾次後，我在相識週年那天忍不住又貼了不少照片，也寫了感性的話語，他真的生氣了，說我沒經他同意，並堅持我IG剪貼簿內不可以有他的任何訊息及照片。這要如何妥協呢？

專家來解答

既有妥協之心就要表現出來，妳得先讓步，妳本來就應該尊重男友的意思，別把有他個人及有他在內的照片放在網路公眾園地。剪貼簿通常是儲存自己喜歡的圖片或文章，因為很個人化，一般都是自己觀賞，或者願意讓親近的家人朋友翻閱。而妳的ＩＧ帳戶並非傳統的剪貼簿，妳卻喜歡將照片放上去，將妳的私生活與公眾分享，包括不熟或不認識的人。有很多夫妻也放自己孩子的照片，但他們會用馬賽克遮臉或只出現側臉或背影，用意就是保護他們的隱私，就像有些家人並不喜歡未經同意就將合照放上網，也是為了隱私。

妳男友已經表達得很清楚了，妳當然要尊重他。其實妳可以在IG另開一個帳號，專門記錄或放你倆的生活點滴，保持私密性，若要分享給其他人一定要經過男友同意，否則就僅限你倆個別或一起欣賞、留存，妳倆的互動照片為什麼一定要給別人看呢？

72

問題反復溝通卻不見改變，真無力！

與男友交往兩年半，平常見面甜蜜，但常因想法不同而造成一方難過。我確信我們都愛著對方，想要的戀愛是簡簡單單、自在相處，但總是找不到相處的平衡點。男友總是在我們難得可以打電話聊天時一心二用打電動，讓我覺得不被重視；再來是跟他約會時總感覺我不是他女朋友似的，明知我要來椅子卻不幫我留一張，進出門時不管我有沒有跟上，門也不會幫我扶一下，好幾次我都差點撞上門。

跟他反映，卻得出他平時對朋友都是這樣的結論。每次溝通完約好要一起改進，最後也只有我在遵守，覺得難過、倦怠，不懂我們為什麼要花這麼多時間溝通，反正他都無所謂、死性不改。難不成我們只剩分手這條路了嗎？

專家來解答

妳與男友必有互相吸引的特質，且談得來，成為情侶後都以對方為生活重心，見與不見都感到甜蜜。只是時間一久，大部分的互動成了慣性，也成了每日例行之事，雖然感情還在，但各自開始原形畢露，亦即在個性上放鬆了警戒，不再事事擔心對方不高興，在愛情外讓生活添加一些樂趣，男友喜歡打電動，連講電話時也不停歇。講電話時打電動就跟約會時與他人讀寫訊息一樣沒禮貌，妳當然會覺得被忽略或敷衍。

不論情侶或親人朋友講電話，除了言詞表達，也要專注聆聽對方的口氣與聲音，這是一種真誠的連結，才能在短暫的對話中表達關心與尊重。很遺憾，妳男友必定不只對女友這樣，他跟朋友之間的電話對話想必也如此，因此妳在與男友溝通後才會得到那樣的結論，他對待妳和朋友都是一樣的。明白地說就是不夠體貼，把自己擺第一位，沒有替他人設想，妳不是沒努力過，但他的約定並未實現，時間一久妳感到心累。兩人想要在一起就要有建設性的關係，良性互動，開心相處，倘若妳越來越不快樂，妳還會想要繼續守著他嗎？

73 該陪伴他成為更好的人，還是另尋對象？

和M交往兩年，原本想找的理想伴侶是有知識、可以在工作相關領域幫助我的男生。雖然從一開始就知道M並非理想型，但因為個性適合才跟他交往，與他相處非常快樂。現在我們即將畢業，兩人就讀的科系與未來的出路相差甚遠，我在實習工作上的煩惱與壓力就算與M分享，他也無法理解。

而M的課業相對比較差，我常常要花心力關心他的課業，感到心力交瘁。我捨不得失去M，但現實層面很殘酷。我應該繼續陪伴鼓勵他成為更好的人，還是應該與他分手尋找更好的對象？

專家來解答

人生有目標有理想是很好的，表示妳有思考有規劃。每個女孩心中都有自己的白馬王子，妳注重的不是外貌，而是可以在事業上協助妳的知性男士，只是人的感情是微妙的，兩人相處愉快，漸有感覺發展成情愫後，才發現男友並不符合妳理想中的那個人，一面渴望理想的對象出現，一面又捨不得和M分手。

就讀不同科系或以後走不同職業道路，與兩人感情並不直接關聯，人各有專長，可以各自在自己工作領域上學習、發揮、成長，妳卻想要男友幫助妳，這是妳的感情迷思一；男友不在妳學習工作的環境中，卻必須了解妳的煩惱與壓力，這是感情迷思二；將男友的課業表現與自己相比，這是感情迷思三；繼續陪伴M，鼓勵他成為更好的人，這是感情迷思四。如果妳繼續生活在這些感情迷思中，妳的戀情早晚會結束，男友可能達不到妳的期望，導致妳人累心累，使兩人關係走下坡。

在愛情關係中雙方是平等的，沒有誰比誰優秀，但妳卻以課業表現來衡量，認為自己比較優秀，可妳又偏偏喜歡這個人，享受跟他相處的感覺。請妳讓男友做他自己，多發掘他的優點，且兩人要多分享生活中的經驗，互相傾吐心事，心走得近最要緊。妳必須重新審視自己的感情戀愛觀，不妨以初心繼續和M談戀愛吧！

74

承諾會改，卻總是讓人失望

跟男友交往快半年，他有個壞習慣：每次約會總是遲到，原因很多，加班、塞車、睡過頭、手機沒電，或是單純很晚出門，而且到了約定時間他很常直接消失，那時我就會焦慮不已。我知道他很不擅長時間管理，所以一直跟他溝通，他承諾會改，但每次都讓人失望。朋友都覺得這種愛情不會長久，但我真的很愛他。

我思考很久，發現他帶給我的快樂還是大於痛苦。這種狀況到底是當局者迷，還是要遵從自己的想法跟他攤牌？

專家來解答

男友必定有令妳欣賞不已的人格特質，平日相處也感覺良好，所以妳很愛他，當然妳也不能因為他愛遲到就否定他。沒有人是完美的，他並非只有一個缺點，一定還有其他缺點，只是妳儘量包容或未去計較而已，所以妳才會認定他帶給妳的快樂大於痛苦。所謂習慣就是已成固定模式，遲到十五分鐘可以接受，但遲到一、二小時就太沒誠信，甚至根本沒出現，那又何必約見面呢？

男友並非對妳沒感情，只是他更愛自己，順著自己的步調行事。明明跟妳有約，他沒想過提早出門，準時出現，不僅沒有時間觀念，更是不尊重妳，沒有替妳著想。相信這是他的個性使然，他並不是只對妳一個人遲到或爽約，只因妳是他女朋友，經常與他約見面，枯等及被放鴿子的機率很高。

妳心中其實已經開始質疑此君是否值得繼續交往，當不信任與失望的心情越來越高漲時，就看妳自己能承受多久，妳的快樂能持續多久。不妨順著自己的感受去做決定吧！

75

愛人與被愛，該如何抉擇？

我家教甚嚴，父母規定成年前不可交男友，所以我單身18年。離家讀大學後開始使用交友軟體，也和朋友一起去夜店跳舞、喝酒。某次在夜店認識P，一見鍾情愛上他。原以為彼此心意相通，沒想到P只想找炮友。雖然這不是我想要的關係，但因耐不住寂寞且愛他，即使知道他要的是我的身體，仍屢次相約打炮。

一年後我在交友軟體上遇到Y。矮醜不說，集所有缺點於一身，但他對我情有獨鍾，呵護有加，再忙再累只要我一通電話，他一定馬上出現，赴湯蹈火在所不辭。三個月後我總算答應了Y的告白，乃去向P說清楚，要結束炮友關係。沒想到P竟說他早已愛上我了，不想失去我。

面對一個自己曾死心塌地去愛及一個願意為自己赴湯蹈火的男人，我該如何選擇？

專家來解答

由愛而性則感情基礎良好，關係較能持久，由性而愛也不是不能建立穩定關係。相信P的長相言行很得妳心，加上他懂得調情做愛，將妳禁錮的身心徹底解放，妳就拋開倫理道德，死心塌地跟著他，儘管只是炮友關係，且這位花心男必然同時與其他女性約炮，也擺明不想跟妳認真一對一。

這一年來妳雖享受性愛，但心理上有不踏實的感覺，所以才會上交友軟體另行交友。Y原本不是妳的菜，但妳需要真正可以談心的人，與之互動後逐漸看到他的許多優點，且他用情至深、誠懇真實，妳被他感動了，願意與他建立長久伴侶關係，乃決定與P講清楚說再見。

回顧與P的固炮關係，除了做愛，你們有像一般情侶那樣約會用餐看電影，或郊遊踏青聽音樂會嗎？有沒有時常談心傾聽對方？P說他愛上妳，是因為他已經習慣跟妳做愛，畢竟妳是他的長期炮友，相處愉快且沒有麻煩，再加上面子問題，他當然不甘心妳轉投他人懷抱。妳過去愛P而未被他愛，心中不滿足，現在Y愛妳，妳也不能光享受被愛，也要誠實地問自己是不是真愛Y，這樣妳才能接受他的愛，順利進入情侶關係。

76

男友的未來規劃沒有我，還要在一起嗎？

我和男友都22歲，已經在一起七年了，感情一直都很穩定，今年我們就要畢業，常和男友討論未來的發展方向。最近他提到他爸希望他一畢業就買房子，開始賺錢、付房貸，但我問他有想好要找什麼工作嗎？他卻說沒想法。

這讓我感到很困惑，我以為買房子是一件大事，是在我們結婚後有能力時一起決定購買，再一起負擔房貸，但男友似乎沒考慮過我的想法，是不是沒把我規畫在他的未來？為什麼他爸希望他買他就要買？難道我不重要嗎？很多念頭一起湧上心頭，我感到很沮喪。

除了認為男友沒把我看得很重要，也覺得他似乎沒有很認真地規畫未來，我開始懷疑嫁給他真的好嗎？想分手的念頭不停出現，不知如何是好？

專家來解答

你倆從15歲開始交往，心中只有彼此，而學生生活較單純，因此感情發展順利，也開始計劃未來。大學畢業是人生新階段的開始，會逐漸面臨成人生活的考驗，找工作，購車買房，甚至結婚，都得考慮及做準備。聽起來男友比較依照父親的期望過人生，聽爸爸的話，養成不用自己操心的態度，而妳則是從兩人共同生活的方向來計劃未來，雙方落差甚大。

每個人都得規劃自己的近程、中程及遠程人生目標，找工作是目前的目標，妳比較實際，男友卻還沒有想法，好像不著急，很顯然他父親認為22歲談婚姻太早，老爸會幫忙或建議他找容易賺錢的工作，存錢購屋置產，以免日後成家時成為無殼蝸牛，想法是沒錯，卻未教導鼓勵兒子開創自己的人生。

男友不是不愛妳，只是他以為談戀愛與工作賺錢是兩回事，他也知道剛畢業幾年內沒有能力結婚，談什麼都太早，所以跟妳還是保持原狀。對此妳雖然很失望很沮喪，但先不要急著分手，其實妳也捨不得，冷靜地找出關係中存在的議題，與男友多溝通，同時也繼續交往，給他機會成長。過程中妳可以慢慢觀察他是可託付終生的人，還是長不大的孩子。

77 現任還吃前任的醋，真是小題大作

男友趁我洗澡時偷看我的手機，看到我和前男友A的聊天記錄，雖然停留在兩三個月前，但裡面有些曖昧內容和男友不清楚的事。男友很生氣要我封鎖A並刪除聊天記錄，我拒絕了，因為在我心中A是我的過去，我不想抹掉這段記憶，何況我已不再喜歡A了，也認為我們根本不怎麼聯絡，不用這樣小題大作。男友氣哭了，嚇得我把訊息都直接刪除。

我和男友日常相處十分良好，基本上也沒有任何出軌行為，男友究竟介意什麼？還有，由於這次經驗，此後我都不敢讓男友動我手機，深怕又會面臨一次相同的情況，但不讓他看手機會不會增加他的疑心？有折衷辦法嗎？

專家來解答

聽起來妳和現任男友交往未久，他並不清楚妳的過去。猛然在手機裡發現妳與前男友分手後的聊天記錄，涉及許多他不知道的事，心裡一定不是滋味，也認定你們是藕斷絲連，當下的反應自然是要妳封鎖A、刪掉記錄、不再有互動。妳自認沒做對不起男友的事，堅決不肯聽從，沒想到男友的反應是氣哭，妳心疼且不忍，乃照做了。

以前人談戀愛是寫情書、手繪卡片等，分手後不是退還就是留作紀念，現在一切資訊都存放在手機內，有可能蘊藏太多的秘密。妳屬於念舊型，捨不得刪除，當然不怪妳。只是已經分手成為普通朋友，倆人說話要有分寸，真的不宜講私密話。現任男友看樣子脾氣還不錯，他未將嫉妒及怒氣發洩在妳身上，自己憋著氣忍不住哭了起來，妳當然要好好安撫他，等雙方情緒平穩再就此議題坦承溝通。

妳早就該跟男友說清楚，A已是過去式，可能是習慣彼此聊天，偶爾會有一些訊息分享。承諾以後會小心，對話有分寸，請他信任妳。然後再好好跟他說，手機是個人物品，未獲允許不可擅自打開閱讀內容，他其實沒有權利要求妳刪除與某人的通訊內容，但是妳照做了，是對他的尊重與體諒。因此從現在起倆人應該彼此信任，認真致力於維護這份感情關係。

78 男友嗜酒，承諾要改卻讓我心累

男友是職業軍人，大我8歲，我們在一起兩年。開始相處都很愉快，個性想法都很相似，節假日都會去住男友家，跟他家人相處不錯。但他的缺點是愛喝酒，且酒品很差，酒後會亂講話、沒禮貌，且喝醉了走路東倒西歪，隨時都會躺在地上睡著。我去住他家時都是我負責照料他，幫他洗澡、穿衣服，像個小奴隸一樣。

起先我覺得沒關係，但漸漸的不管是我已經很累了，或是段考週我在讀書時，寒暑假上了一整天班回來，還要等他喝完酒把他處理完後我才能休息，我感到心很累。吵過幾次架，他每次都道歉說會改，但情況一點都沒變。是我的容忍度太低嗎？我真的很累，他都沒體諒我的感受，我該如何是好？

專家來解答

妳是學生，比較單純，被男友的世故及軍人本色所吸引而種下情苗，也被他家人接受，本是好事，但是相處久了本性流露，男友雖善良體貼，卻愛喝酒，再加上交往的同事朋友均有同好，已成生活的一部分，他興味濃，妳卻無法體會，每喝必醉就成了妳的身心負擔。

男友的家人一直縱容他，也可能管不住他喝酒，但善後的事卻落在妳身上，也就是說，妳若和他結婚，以後的生活就是這樣，不喝酒時感情好，喝了酒就變成另一個人，等到變成酒鬼時可能又是另一個面目。感情再好的夫妻，吵架吵多了，愛戀的感覺就會逐漸消失，原本良好的感情基礎也就崩塌了。

妳現在還是學生，畢業後要上班，有自己的工作，下班後也有自己的空間與生活，妳是要陷在這種已經開始走調的戀愛關係，還是要兩人互相尊重、體諒的對等感情生活？當然不是說妳非得離開男友，而是妳必須順著自己的心與男友攤牌，老是道歉卻故態復萌，這樣兩人是沒有將來的。只有他克制慾望，遠離酒瓶，兩人良性溝通，重新調整互動，才能找回激情，守住感情。也就是說旁人只能給他當頭一棒，他得自己覺醒，否則哪個女孩跟他在一起最後都會因心累而讓愛枯萎。

79

男友想結婚但我還年輕，不想那麼早定下來

高中時跟大10歲的F在一起，感情一直很好，至今兩三年了，現在我20歲他30歲，F的媽媽覺得他到該結婚的年紀了，希望兒子盡快結婚。F跟我說他想跟我結婚並不是因為家人催他，而是他自己想跟我結婚，但我告訴他我才20歲，還沒想結婚的事。

當初只是因為喜歡就在一起，但我還年輕，不想那麼早定下來。我很喜歡F，也很珍惜這段感情，不想因為結婚的事跟他搞得不愉快，我該怎麼處理這件事情？

專家來解答

妳高中時就和大10歲的社會青年交往，且能維持兩三年的戀情，足見妳比同年齡女孩成熟些，現在進了大學，很清楚人生有許多目標得去實踐，且有先後次序。因此當F告知家人對他的期望及他屬意妳為婚姻對象時，妳立刻意識到結婚並不是妳的人生近程目標，妳很珍惜這份戀情，不願讓男友失望，相當為難。

20歲與30歲的差距和30歲與40歲的差距是截然不同的，20歲尚在人生開發階段，除了完成學業，還有許多要學習的事，妳的心態正是如此，因此妳絲毫未準備好進入婚姻。F既是妳心愛的人，當然要向他坦誠心跡，不是不愛他，而是時候未到。他可以選擇再等幾年，或者因父母之命必須結婚，那新娘就不會是妳。關鍵在F自己，他若很想結婚，也想迎合家庭的期盼，他必須做出選擇。

看起來妳像是被動，其實妳已經先選擇了，世上沒有兩全其美的事，妳擔心因此事跟F搞得不愉快，而妳的選擇明明就是「不」，他若能妥協，再等幾年，當然是愛的表現，但不保證這幾年內你們不會因為這個議題而開始有歧見，乃至爭執，感情也就慢慢受損了。目前妳能做的就是心平氣和與F討論結婚這件事，靜觀其變吧！

80

頻繁吵架男友提分手，該放手嗎？

跟男友在一起四年，感情後半段一直吵架，很明顯的他沒有把心思花在我身上，都把時間拿去社交、打工、玩社團，導致我倆常發生衝突。但以他的角度而言，他是把最想做的事擺在第一順位，使生活太忙碌，導致很少有時間可以陪我，又要處理頻繁的吵架問題，所以到最後受不了跟我提分手，說不想再經營這份關係了。

我很清楚兩個人已經錯過溝通的最佳時機，被提分手的我，即使心裡知道對方不可能為我做出改變，也清楚未來一定還是會為同樣的問題吵架，但還是想挽回男友。我這麼做值得嗎？如果他不願意改變，是否代表我們已經沒機會了？

專家來解答

讀大學就是進入小型社會，除了吸收知識，學習人際互動外，也在探究生命探索興趣，每個人都在成長。四年來妳還是以感情關係為重，總希望像剛談戀愛時那般火熱甜蜜，而男友隨著個性及生活所需向外發展，課餘打工玩社團，生活填得滿滿的，雖然感情依舊不變，兩人因個性不同課餘生活有差異，妳感到需求無法被滿足，溝通未果怨氣叢生，導致經常吵架。

男友不是不愛妳，只是太習慣彼此了，相處已是理所當然，他沒忘記，但經常壓縮見面時間或次數，使得每次見面就爭吵，這不是他期待的，必然不歡而散。這當然不是妳的錯，妳有盼望、有熱情，希望男友把妳放第一位，他卻視此為生活中的恆常，兩人無法交集，加上負面情緒越頻繁出現，他終於想逃離這份關係了。

這也不怪他，大學四年中他發展了他的個性，自由奔放，愛情固然重要，其他的生活他亦享受，妳應早注意到他的逐漸改變與成長，而不是希望他能回到以前你們相處的樣貌，男友提分手是因為他了解到你們不合適，他是不會改變的，妳自己又能改變多少呢？建議妳冷靜一陣子，想求和就得改變自己去適應男友，若他對妳的感覺已消失，妳就得接受分手的事實，尋求心理諮商，治療失戀吧！

81 男友霸道還搞雙標，我想求外援又怕被嘲笑

跟男友在學校社團認識沒多久就在一起，起初雙方都很熾熱，不過我的個性比較不喜歡被管，男友不准我跟他不喜歡的人玩在一起，他常常會刷我的手機，我感覺毫無隱私，不知該如何做比較好，而男友就可以做任何自己想做的事，有點雙標。

另外，男友本來是住學校宿舍，我在校外租屋單獨住，原本他下課後多待在我家，晚上再回宿舍睡，現在乾脆直接睡我家，其實我滿懷念有自己完全的空間。我要帶同性朋友回家玩男友說不行，我真的不解為何要這樣，有幾次趁他有事沒留宿時偷偷帶朋友回家，沒有過夜，不料最後還是被他發現。

每當有事發生，他不會大吼大罵，而是用情緒勒索或是冷暴力，讓我覺得在他面前沒有自我。我不敢跟別人說，怕被嘲笑或讓朋友擔心，該怎麼辦？

專家來解答

你們剛開始必定是被對方的特點吸引，很快墜入情網，已成半同居狀態，也就是因為太親近了，彼此的個性顯露無遺，妳逐漸發現自己生活在男友的喜怒之中，為了照顧他的情緒幾乎失去自我。心中積壓越來越多，沒人訴苦，又不好意思向外求助，煩惱不已。

妳對男友言聽計從他就不會跟妳冷戰，表面上互動依然親密，但太多的自由及私密性被剝奪，妳內心會越來越不快樂，事實上男友限制妳的種種行為已經出現危險情人的初步徵候了，他有男性優越感卻自信不足，且缺乏安全感，將妳融入他的生活，卻忘了妳是一個獨立的個體。妳最大的問題是不敢拒絕他，以為委曲求全戀情就能延續，把男友慣壞了，自己卻甜蜜與煩惱參半。

要解決得先問妳自己是否真要這樣一面倒的戀情，是否要開始爭取最起碼的自由與私密性？一點一點開始，一件一件事來，不能指責不可爭吵，好言溝通，爭取多少算多少，也是對他的一種潛移默化。倘若他操控成性，認定妳在造反，則妳一定要向外求助，尋求諮商或是找專業人士晤談，以求提升正確觀念與自我力量。

82
男友很優秀，但真的節儉過頭

剛在一起時我們很開心，但同居後發現有點受不了男友，他是客家人，節儉到不行。有次我大姨媽來，忘了帶衛生棉，他居然拿前女友用剩的給我；還有一次去吃飯，叫了兩顆滷蛋，他居然連一顆滷蛋的錢都要和我斤斤計較。

我知道男友真的很喜歡我，也知道他很優秀，但一想到我們僅是偶爾同居就已經受不了他的行為，實在不敢想像如果每天同居會怎樣！經過幾次溝通也沒結果，男友不覺得自己有什麼問題，僅覺得還能用幹嘛不用。他得知我把這件事告訴閨蜜後覺得不受尊重，我們該怎麼做才能讓這種關係緩和，且攜手一起向前？

專家來解答

談戀愛時以約會為主，欣賞彼此的優點，享受互動，但同居後進入真正的日常生活，有了更親密的關係，但也因為親密而「原形畢露」，個人的好惡及生活價值觀就在每天的相處中不經意流露出來，使得心情受挫，感情出現潛在危機。

個體受原生家庭的影響很深，男友可能是自小接受父母教誨，省吃儉用絕不浪費。本來應該清除前女友的任何用品，他卻認為完好無缺的衛生棉丟掉可惜，也許以後有用，果真就派上用場，妳的驚訝之情可想而知。聽起來你們外出用餐是AA制，他一定嚴格執行，連滷蛋也要妳自己付，如果已經說好各付各的，本來就該妳付，但妳自這種小事看到他的「摳門」，但他必自詡「美德」，這是妳倆個性的最大差異。

金錢觀與用度是婚姻中的慢性衝突，也是婚姻解組的導因之一。倘若長期同居，不論他是否向妳坦承他的金錢觀，生活中必會為用度起爭執，且他是個愛面子的人，不滿妳向閨蜜抱怨，但妳因為和他說不通，想找人傾訴，這也是感情危機另一隱憂。目前妳們感情還好，要多找機會溝通，強調「該花的就花」，並「各花各的錢」，且看男友如何看待妳的金錢用度，是受妳影響還是干涉指責。如果是後者，妳就不用眷戀這段感情了，因為妳的生活是往前看的，跟他一起生活妳到後來也會忍受不了的。

83

平常沒異樣，男友突然提分手

已經交往三年的男友突然打電話跟我說：「我覺得自己好像不是那麼喜歡你，跟你在一起沒有開心的感覺。」讓我非常錯愕，在此之前沒感覺有任何異常，問了原因後，他說我們最近相處的時間太少，且興趣漸漸出現分歧，如果刻意配合雙方都會過得不自在；另外，因為疫情的關係我們較少出門約會，即使在家見面也是各滑各的手機。

我是真的想挽回這段感情，溝通時男友並沒有把話說死，他說會考慮看看，但他也提出很多我們之間的問題，我也認同他說的，但他覺得在解決問題前我們的感情跟精神都會被消耗殆盡。這種情況我們有機會復合嗎？

專家來解答

戀愛的前兩年雙方都專注在對方身上，即使道別後回到家裡亦心懸彼此，後來感情漸趨穩定，很多互動成為習慣，許多事情變得理所當然。妳安於這樣的狀態，心還是在男友身上，但他卻感覺缺少火花，這種關係已經不能滿足他了，他對外界許多事物感興趣，也可能想去追求令他心動的新感情，所以主動提分手，這想法必然是放在心裡有一陣子了。

說疫情是戀情殺手太沉重，疫情確實阻隔了人們外出活動的機會，但在家裡仍有相處空間，何況兩人互動是重質不重量，要用心交流，而非同處一室各滑手機。對妳而言，只要有男友訊息或形體在一起就是實在的，安穩的，完全沒看到兩人之間的差異及問題。男友似乎忍受很久了才斷然提出分手，表明人累心累，不想再勉強自己。話都說得這麼明白了，似乎去意已決。

妳跟他溝通的目的是希望能挽回，他怕妳當下無法接受，所以說會考慮看看，但妳一定要有做最壞打算的心理準備。感情是無法勉強的，如果男友真的不願意再給彼此一次機會，妳也只好放手。說分就分確實不容易，但這就是真實人生的考驗！

84

不喜歡遠距離戀愛，但又不想分手

我與男友原本感情很好，都在中部一所大學唸書，但有一天男友跟我說他想轉學去台北更好的大學，因為覺得現在唸的科系不符合他的志向，他想考公職或是研究人員，聽到當下我很不能接受，因為我不喜歡遠距離戀愛，我認為男友只是為了要與高中同學較量，不想輸給別人才會想轉學，並非是為了志向。

為此我們大吵一架，我真的無法接受男友要轉學去遙遠的台北，在這裡可以天天見面，何必為了贏過他人而轉學，而他覺得這沒什麼，只是去比較遠的地方念書而已，而且這是他的志向，我怎麼能阻攔。最近我們鬧到快分手，誰也不願妥協，如果因為這個原因分手好像不值，但我真的不知道該怎麼辦？

專家來解答

人本來就各有志向，何況年輕人正在學習找尋及確立自己的人生目標，男友覺得目前所學不是他喜歡的，想要轉學去台北唸他喜歡的科系，這表示他已經有明確的近程目標了，就算他想贏過高中朋友或與之並駕其驅，這樣的企圖也沒什麼不好。只因他如果去台北上學，妳倆就得進行時空阻隔的遠距離戀愛了。

能感覺妳非常抗拒遠距戀情，其實沒那麼可怕，可以往正面去看，何況台灣這麼小，往返交通時間並不長。妳因為害怕不能每天看到男友而竭力反對，以至於大吵一架，甚至瀕臨分手，正如妳所言，的確不值。男友不願妥協表示他心意已決，與其每天提這件事就臭臉相向，不如好好珍惜在一起的時間，強化彼此的感情。

你倆可以說好，白天在學校各過學生生活，晚上可以視訊談心，每兩週輪流搭車見面，再加上有Line，隨時可發訊息傳照片，還是可以情話綿綿的，最重要的是彼此的心要在對方身上，即使形體不是天天在一起，用心分享對方的每日活動並加以關心，而不是抱怨或管束對方，感情才能維持。不妨以樂觀的態度來接受遠距戀情，沒試過怎麼知道不可行呢？

85 被原本喜歡的學長告白後反而對他沒感覺了！

我在社團認識了一個學長，長得帥帥的，說話也很有水準，辦活動時常有交集，私下也會聊天，彼此漸有好感，但兩個人都沒明說，有點曖昧。過沒多久學長約我去看電影，散場時跟我告白了。

照理說這應該是兩情相悅的事，我原來也很喜歡這位學長，但被告白後卻覺得沒那麼喜歡他了，一星期後就不想跟他聊天，還會刻意跟學長保持距離，甚至有厭惡想逃避的感覺。明知學長做的事情跟以前一樣，態度沒變，對我還是一樣體貼。想知道為什麼我會有這種心態上的轉變？

專家來解答

兩個人看對眼後社團活動就成了培養情愫的溫床，逐漸產生好感，此時的曖昧感覺是很魂縈夢牽的，妳似乎很享受整個發展過程，直到學長向妳告白了，妳的渴望實現了，心理也得到滿足。只是這種滿足的感覺維持不了幾天，突然覺得沒那麼喜歡學長了，卻不知為什麼？

學長還是一如既往地對妳好，妳卻對他生厭想逃避。比較可能的原因是妳本來是活在自己對愛情的憧憬中，誤把學長當成可以戀愛的對象，因為他就在眼前，有很多互動的機會，妳其實是在做自己的愛情夢，一旦要進入現實，以男女朋友身分交往，妳卻因為對他沒有真實感覺而怯步了。

妳當然要對自己的感覺誠實，但也要誠實告知學長，他可是已經對妳動情且表白了。妳可以委婉地向他說，感謝學長對自己的好，考慮後覺得目前還不想進入情侶關係，所以兩人還是當社團夥伴及朋友好了。要低姿態並表示歉意，避免傷害他的自尊及感情。若不會表達，可到學校健康與諮商中心尋求諮商輔導，學習正向溝通。

86

為愛，是否該放棄到鄉下行醫的夢想？

與男友交往七年，感情很好，計畫在不遠的將來結婚。我目前是實習醫師，一直希望畢業後能去小鎮行醫，在大自然裡生活。男友正在寫博士論文，他唸的是企業管理，在都市容易找工作，且他喜歡都市生活。

我們之間有幾個大歧見，這是其中最大的，我有心理準備要為他放棄夢想。雖然我深深愛著他，也擔心我會過得不快樂，但我真的不想失去他。這個差異注定我們要分開嗎？

專家來解答

人口高齡化已是世界各國正在面臨的社會問題，而許多醫生選擇不開刀不熬夜或容易賺錢的專科，也使得醫生短缺，尤其是在鄉下偏遠地區。年輕人出外求學就地生根，鄉村只剩下老年人口，老醫生也退休，年輕醫生不想下鄉，醫療的確是個問題，妳有志向到鄉下服務民眾，非常了不起。

如果妳能找到一個自己喜歡的小鎮，山明水秀，享受生活又行醫濟世，一定會很快樂的。妳明知嫁給男友住在城市會讓自己不開心，還計畫要結婚，這就不是一個理性、健康的成人該做的選擇了，婚姻不會將妳個人的偏好或人生目標神奇地轉化成符合男友的人生目標。也許妳和男友可以協商畢業後先不急著結婚，實行一年的遠距戀愛關係，各自住在喜歡的地方上班；或者你們可以找個中型城市，他在大公司上班，妳住到郊區行醫，彼此相見也容易。

兩人若真想結婚生子成立家庭讓愛延續，就得經常開誠布公地溝通，認真地為對方設想，尊重對方的選擇，並腦力激盪想出權宜之計。所以你倆還有許多該努力的地方，如果注定分開，對妳而言說不定是種解脫呢！

PART II

他的煩惱

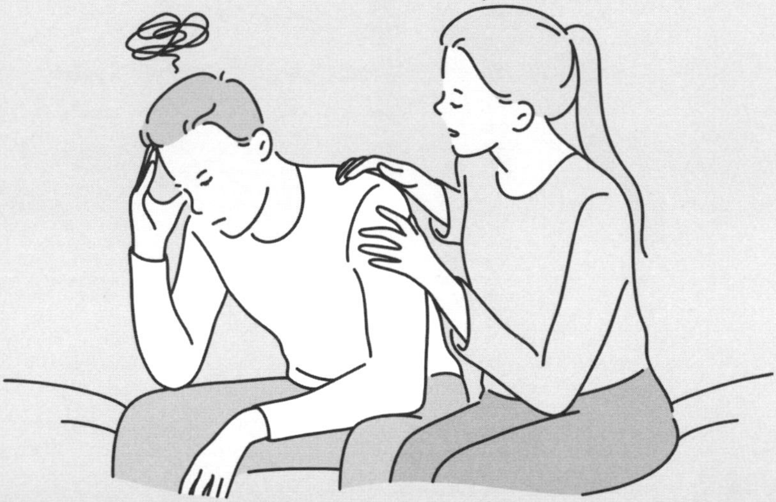

87

女友常歇斯底里，真不知該如何與她相處？

我倆都28歲，剛認識時她笑容陽光人又體貼周到，交往一年後漸漸不能忍受她的情緒化，一點小事就生氣，又很愛哭，忘記帶悠遊卡或被老闆說幾句，甚至沒趕上公車都會哭。

我以前都耐心安慰，因為我知道她一直在服用抗憂鬱藥物，但最近我感到累了，經常無語對她，她就明示暗示沒有我她活不下去。更糟的是，前幾天我忍不住約了一位女性朋友去酒吧，我們跳舞還親吻，事後很後悔，怕女友知道跟我鬧。我不會再胡來了，但真不知以後要如何與女友相處。

專家來解答

與女性朋友調情並非本意，你有罪惡感，也怕女友知道後跟你大鬧，但更值得你擔心的是女友的精神狀況。聽起來她有嚴重的情緒問題，有可能是精神疾患。她服用良久的抗憂鬱藥物卻不起作用，顯然她需要更進一步的專業衡鑑，以求對症下藥。

剛認識時人都會表現自己最好的一面，但日子久了本性逐漸流露，現在的你似乎成為她疾患及行為的人質了。你「忍不住」與女性朋友喝酒調情，說明了你需要自與女友的互動及她壓迫性的舉動中獲得紓解。儘管女友明示暗示你若離開她就不想活了，但你一定要了解，醫治拯救她並非你的工作，她要對自己的情緒精神及身體健康負起責任。

當務之急是與她的家人商量，讓她先去看精神科醫師，如果她愛自己也重視你們的愛，肯接受心理治療及按時服藥，以你的愛心與耐心，你們還是有希望繼續發展關係的。否則，你要將自己的健康與安全放首位，以溫和漸進的方式離開這份損她不利你的不健康關係。

88

結婚前女友意亂情迷，但保證不再犯，該原諒她嗎？

高四在補習班認識G，後來考上不同大學，戀情維持到現在，我們大學畢業已兩年，各自有好工作，準備年底先訂婚，兩年後結婚。最近我大學同學問我是否已與G分手，因他遇到G與某男在戲院狀似親密。

我回想最近的互動狀況，發現有疑點，才發現她老是說加班，原來是和她公司的經理有三個月的戀情了。她坦承劈腿事件發生在我到國外出差之時，是經理主動，她不是認真的，只是想在訂婚前嚐試狂野的行為。她答應不會再與經理有糾葛，我才是她唯一愛的人，願與我同過後半生。

我是真愛她，但感覺心痛，我能相信她嗎？

專家來解答

G是乖乖牌，沒交過別的男友，眼看就要訂婚，兩年後結婚，未來的生活將是平靜而充實，雖是她所期待的，但公司經理對她放電令她心猿意馬，挑起她嚐鮮之心，想想這輩子再也沒機會了，姑且一試。一念之差就發生劈腿事件，他們的性愛必然很刺激令她難以自拔，持續了三個月，直到被你發現。她完全沒看到這種婚前狂野行為對你倆關係可能造成的風險。事實上你已經受傷害了。

G的劈腿對象是公司經理，吃窩邊草是最不明智的事，即使她主動停止親密關係，要沒有尷尬地恢復上司與下屬及同事間的正常關係真的不容易，你的心情也會受到影響。如果你和G仍想往前走，應該開誠佈公地討論此議題，商量如何面對，是換工作呢，還是繼續留在公司，由她決定。

重建信任恢復自在而親密的關係需要一段時間，不妨先將訂婚日期延後，以解除雙方心理壓力，耐心等待雙方的身心都回歸到關係中。最好去做婚前諮商，臨床有許多情侶能成功地自欺騙、背叛的傷痛中恢復關係，你和G也可同心往此方向去努力。

89

好不容易遇見心儀的她，卻還是被自己搞砸了！

年輕時因女友懷孕而結婚，後來她流產，我們也分手了。此後我以離婚男的身份努力工作，小心翼翼交友，從未逾矩。直到32歲時遇見小我2歲令我心儀且未婚的C，交往了一年，感情穩定。

四個月前我遭公司資遣，四處找工作，壓力很大。正好以前的女同事發簡訊來問候，起初是普通訊息來往，後來就相約上摩鐵，她還將簡訊發給C看，結果當然是C離我而去。我打電話送花寄卡片，甚至在路上等她，她都不肯復合。

傷心之餘我進了教堂信主，想要重新開始人生，已經兩個月了，我想要與C復合，她會相信我嗎？

專家來解答

信教當然很好，主會賦予你力量在靈性方面重生，讓自己從內而外煥然一新，但這是你自己的改變，不保證能贏回女友的心。你們交往才一年，當你遇到人生挫折，未能培養抗壓性，也不敢向C吐露自己的壓力，反而藉著與女同事發訊息聊天來逃避。你以為這是抒壓，其實是沉淪，如同借酒澆愁一樣，是負向的。

才剛分手沒多久你就猛烈進攻，電話卡片花束，甚至路上堵人，是有點過頭，絲毫沒體諒C受創的心情。被心愛的人傷害，她充滿了怨氣、悲傷及委屈，需要一個人靜一靜，沉澱一下心情，才能決定是否原諒你，而你只是不停地道歉與求和，此時她不但聽不進去，也不信任你。

因此，你得像個成熟的男人，即使被分手，行為舉止也要恰當。要為自己的行為負責，你造成C那麼多困擾，當然要給她空間與時間。沉靜一陣子後，以發自內心單純誠摯的口氣向C道歉，希望有機會能獲得她的真心寬恕。你一定要振作起來，趕快找到工作，走好你未來的路。

90
藉口不想和我遠距，和別人卻可以

我和女友相戀兩年，工作都很忙，定期約會。四個月前我提出分手，因為女友調到高雄工作，而我仍在台北一邊上班一邊讀碩專班，我們都對遠距戀情很擔心。現在我們還是朋友，會打電話聊天，我以為我可以不將她放在心上，直到幾天前我獲悉她交了男友。

她交男友本是遲早之事，我真正煩心的是她的新男友也住在台北。就因為她說無法承擔遠距戀情我才提分手，我覺得她對我不誠實，為什麼能和別人進行遠距戀情。我還是珍惜我們的友誼，不想失去她，我該如何看待此事及與她對話？

專家來解答

如果分手是你提的，那你還有什麼話說？分手後她的種種就與你無關了，當然你很不平，為什麼她又交了一個遠在台北的男友，是自打嘴巴還是存心欺騙？要知道每個人都是不同的，即使你和她的新男友都住在台北，但你們的互動和她與新男友的互動必然是不同的。你既要上班又要讀研，每天很忙，只能擠出一點點時間約會，女友知道你沒時間常下高雄看她，即使她抽空北上也是久久一次，空間時間的阻隔，都可能影響你們的感情品質。

你並沒有試著安撫她的擔心，表達願意盡力維持遠距戀情的決心，反而主動提分手，她就認定你不想兩地相思及奔波，對你死了心，所以分手後一有機會就交新男友。而此人正好是有心有力，願意經常南下與她相處，也期盼女友北上見面，這種真誠與熱情給了她力量及希望，她當然願意與此君交往。

分手後要維持友誼並不容易，倘若你真心想要與她為友，就必須接納她現在及未來可能的戀情，就像她也必須接納你與別人的戀情一樣。

91

女友背著我在交友網站與人打得火熱

在網路上認識S，約出來見面後覺得談得來也能玩在一起，很快成為戀人。我是成年獨子，與父母同住，他們嚴肅保守，約會時大都是我去她住處，偶爾週末藉口出差，在她家過夜。

最近我發現她將我們戀愛後就刪掉的交友網站又偷偷恢復了。帶著懷疑不安的心情，我偷看她的電腦，發現她竟用了新帳號，在我們相識的同一網站與人聊天，非常活躍。震驚憤怒及傷心之餘，我該如何面質女友此事而不會引起大吵？

專家來解答

被欺騙的感覺真的不好受，然而你沒有立刻興師問罪，冷靜下來後想就此事與女友好好談，企盼能有和平的處理方式，這種態度是對的。只是你擅自上她電腦偷看她網站，她獲悉後也會震驚憤怒，大吵可能難以避免。但這個事件對你們的關係真的很重要，即使會引發吵架，兩人也必須面對面說開來並深入討論。

為你的行為先向女友道歉，然後平心靜氣地向女友述說你的反應，拜託她說出心裡的話，她選擇重新進入交友網站的動機與目的何在，這與你倆當前的感情關係是否有關連。她起初可能會抗拒而沉默或否認，你要慢慢地開導她，這樣做是為了你們好，誰也不能強求誰，但必須找出問題所在，兩人才能各自安心與甘心。

有心欺騙的伴侶不一定會如你期望向你說真話，你要有心理準備並做最壞打算。情投意合並不能保證戀情長遠，過程中變數很多，也許是交往久了她發現不是真正喜歡你，卻不敢說，所以就騎驢找馬。雖說是兩年的感情，只要有一方不真誠、不忠實，這份感情就無法走下去了。

92

遠地的女友要求每天煲電話，我被搞得身心俱疲

大四時認識大三的K，相處一年感情加溫，成為男女朋友。但自從我考上南部研究所，兩地分離的這幾個月她思念加深，要求每天晚上一定要講電話及視訊，講到沒話可講了還是不肯乖乖休息睡覺，常搞到半夜一兩點才不情願地掛電話。

我被搞得身心俱疲且煩躁，不僅影響我日常作息，有兩次第一堂課未趕上，且上課注意力無法集中影響到課業。我跟她溝通且說盡好話，她的回應都是「每天這一點時間都不能陪我嗎？」，我已經快受不了了，怎麼辦？

專家來解答

以前兩人同進同出，分享學校生活及日常點滴，現在你不在身邊，女友很不習慣，被迫獨來獨往，於是盼望晚上透過網路與你「相處」，聽聽你的聲音。這本是愛意的表達，但幾個月下來，甜言蜜語變成疲勞轟炸。相信她也會疲倦犯睏，但她愛你的心成為堅強的意志，強撐到你睏到講不出話時才肯罷休。

你因為心軟，凡事都盡量順從女友，不敢嚴詞拒絕，弄得自己既疲又怨，強撐著不睡覺，心裡卻焦慮。這樣的互動其實毫無品質可言，只是在耗時間。不妨向女友直言，如果你心裡掛念的是次日的功課，若敷衍地與她聊天，相信她也不會喜歡這樣的交流，所以兩人應該商量出較有品質的網路約會模式。

你得強有力地說服女友，在你洗完澡睡覺前還有精神、頭腦清楚時，兩人聊天才能更專注於彼此；當睡眠足夠，功課可以及早完成，才能專心想她，也只有在課業沒有顧慮，週末回台北時兩人才有更多時間相聚。意思就是要給她安全感，讓她感受男友的愛一直都在，只要她不堅持徹夜「空談」，你會更愛她的。

93

女友對感情反反覆覆，這樣的人值得信任嗎？

和B均為大四，交往兩年，是遠距戀愛。有一天突然收到她發來的簡訊：「我們分手吧，我有喜歡的人了」，隔天她又向我解釋說手機掉在麥當勞，應該是撿到手機的人惡作劇。我心裡懷疑，偷偷向女友的朋友C男求證，沒想到C男竟反問：「你知道了？」

事後B解釋C男會這樣說是因為當時很煩不想和我爭執，隨便回答我的。我和B因這件事吵架並分手，但寒假過後應她要求復合了，只是經常會想起這件事，該怎麼做才能與女友重新建立信任感呢？

專家來解答

在穩定的一對一關係中，彼此有默契，沒有一方會突然以簡訊提分手。你的兩年遠距戀愛，一開始熱絡，但因時空阻隔，分享的活動較少，需要陪伴的那一方就覺得寂寞，無法滿足於聚少離多的關係，B可能就是處在此種心情態度中。她不是不喜歡你，但你不能時時陪伴，她身邊必有追求者，乃開始心猿意馬，並向C男傾訴心事。

她也許有試探之意，如果你一氣之下說好，她就順勢分手，你可能因為太突然無法接受而沒有答應，事後她又想想你對她的好，反悔了，還編謊話騙你兩次，替自己及C男掩飾。你因此不悅，吵架是必然的，也就賭氣分手了。你心裡還是喜歡她的，忍不住與她復合，但心中的疙瘩始終存在，無信任感亦無安全感。

你倆的感情關係相當表面化，還不夠了解彼此的個性、習性及愛好，也未能深入討論愛情價值觀、人生觀及未來抱負。遠距不是問題，個性的接納、心靈交流及生活細節的分享才能為感情打下穩定的基礎。發簡訊提分手是不成熟的行為表現，而這背後必隱藏B對此關係的不滿足，給的解釋越描越黑亦顯示她個性的不成熟。建議你直接與女友討論彼此對關係的期待，也說出她過去的行為對你造成的陰影。如果她能坦誠相對、據實以告，這份關係才有繼續發展的可能性。

94

因誤會女友把我封鎖了，該找她談還是就此放棄？

S是個很特別的女孩，我們交往五個月了，相處愉快。上星期某晚我們有了誤會，起因是她整晚都和已離職的公司女同事聊天，四小時不回我訊息，所以我發了一封口氣很重的電子郵件給她。次日我發訊息說早安及我愛妳，她未回應，我知道她在生氣，也看到她在臉書上指責某人不該小題大作。

我沒有繼續傳訊息，我知道她不會回的。過了一天，我發現她居然在臉書、Line及IG都把我封鎖了，甚至把我們一起用的大頭照也換了。我立刻傳訊息打電話，她都不回應，該去找她當面談嗎？還是就此放棄？

專家來解答

現代科技帶給人們許多便利性，不見面也能用訊息談情說愛，但這也同樣有壞處，一樣可以傳達帶有惡意、指責或謾罵的訊息，或你來我往地吵架，或者乾脆冷冰冰的不回應或封鎖掉。有鑒於此，你當然要去找她當面好好談，了解她的心態及無回應，不過你還是得要有心理準備，她可能在現實生活中亦將你封鎖。

你們爭吵的起源是女友與前同事聊天太久未及時回應你的訊息，惹得你生氣，雖然你事後將態度放軟，但不妨問問自己，當女友做了你不喜歡的事，你面質她時她的反應通常是如何？若換做她來面質你做了她不喜歡的事，你的反應又會是如何？不妨將心比心，你就比較能了解她的心情了。

女友給你發出的是多重拒絕訊息，這是她選擇的表態方式。你得有心理準備，接受將被三振出局的事實。若能想辦法見到她，以成人理性的方式對談，好聚好散最好，否則你就只能接受這樣的結果了。

95

只是乾妹妹，惹得女友不開心

高中時認了個乾妹妹，現在在不同大學唸書，一直保持正常交往，沒有越軌行為。我最近交了女友，跟女友介紹自己的交友狀況時提到這個乾妹妹，女友很不高興，儘管在意料之中，也只好耐心解釋和乾妹真的沒有曖昧關係。女友聽後態度稍有緩和，但還是感覺沒安全感；而乾妹聽說我女友吃醋，也覺得有點尷尬，說以後沒事就少聯繫。

我該怎樣才能給女友更多的安全感，以及未來要怎麼處理與乾妹的關係？另外，女友有些黏人，有時覺得稍稍有些太膩了，該怎麼委婉向女友說明自己的想法。

專家來解答

若純粹是乾兄妹，屬於正當情誼，應該可以公諸於世，且兩人心裡若都坦蕩蕩，則乾兄妹之情與男女朋友之戀應該不會互相干擾才對。一般人對於「乾妹」都有刻板印象或帶上有色眼光，你的女友也不例外，所以你就要問心無愧地向她說明你與乾妹關係的由來、發展及各人心態，才能讓她放心。

你乾妹還滿懂事的，不想破壞你的戀情，也怕惹腥上身，主張以後少聯繫，但這也不是妥善的處理之道，好像乾妹有意避著女友，這會讓女友對乾妹更加好奇，也會有嫉妒心，三不五時可能就問你和乾妹最近如何，你會煩不勝煩。你也不可能因為交了女友就疏遠乾妹，這樣不就失去結緣兄妹的初衷了？

建議你仍以正常心態與乾妹聯絡，偶爾邀請她跟你們喝咖啡聚餐，一來維持兄妹情，二來讓女友放心你是當著她的面與乾妹見面的。女友因缺乏安全感才會對你有乾妹不悅及經常黏你，你一定要順著自己的感覺告訴她，你很努力且用心在經營這段感情，但人與人之間還是要互相尊重及信任，給彼此保留一點空間，不一定要整天膩在一起，這樣才能讓這份感情一直走下去。

96 心儀的女孩有男朋友，我該癡心等待嗎？

高三時認識Q，本來只是普通朋友。一次在朋友的惡作劇下我們扮演情侶，打打鬧鬧之際我逐漸愛上她了，可惜當我想表白時，發現我和她是去不同的地方讀大學。但我還是抓住機會表白了，並說會等她讀完大學回來，她對我說了句我永不能忘懷的話，「對的人，錯的時間」。

此後我們偶有聯絡，至今兩年過去了，我還是對她有感覺，但她已經有男朋友了。我覺得很迷惘，該繼續等待？還是放下這段關係？

專家來解答

最初你們只是普通朋友，有個機緣扮演情侶，互動較多，注意力也在彼此身上，你欣賞她的人格特質，對她產生情愫，相信她對你也有好感，但僅止於此。對Q的喜歡你一直放在心中，且越來越滿，明知上不同大學後未來難卜，你還是抓住機會表白，這是你的權利，但說「等她大學畢業回來」的話則很不實際，是期待、是承諾、還是夢想？可以感覺出你真的喜歡她，很不捨分離。

Q說「對的人，錯的時間」是很有智慧的，道出兩人無可能的戀情，又不會傷害到你，而你卻鑽牛角尖，在「對的人」三字上打轉，都過去兩年了還沒跳離開來。就因為你們偶有聯絡，且你的心裡只有她，看不見身邊其他女孩，所以你對她仍有感覺，也有期待。

就Q而言，她認為已經跟你說清楚了，偶而聯絡當然是把你當朋友，但她的大學生活裡並沒有你，她已經有男朋友了。所以她過她的生活，你也要過好自己的生活。你心中存放的不是一個真實的Q，只是從前的回憶及自己的期望，何況你倆從未開始交往，何來「放下這段關係」？要放下的是你對Q的念想。你這麼專情，應該去尋找專屬你的Miss Right！

97
情侶約會的開支由男生買單是天經地義嗎？

我覺得約會的支出由男生負責是合理的，不知道女友怎麼想，一般出去都是我付錢，除了她自己購物或是和朋友出去吃飯時分開付之外。只是隨著約會次數增加，我越來越害怕女友要求見面，自己窮到一天只吃一餐，我當然不會把這件事告訴她，她似乎也覺得約會由男生出錢沒什麼不好，所以一直都如此。

她常抱怨我都沒送她小禮物，不浪漫，節日時也沒什麼特別。雖然平常花費不是太大，但我開始找藉口拒絕見面，又怕講出來沒面子。好友常分我便當吃，笑我是大男人主義、假紳士，可是男生付帳不是天經地義嗎？

專家來解答

從前男尊女卑，男性收入遠比女性高，要擔起全家經濟責任，女性則因相夫教子，在財務上完全依賴良人。男生想追求女孩就送禮送花，出去約會也都是男方付帳。但時代不同了，現代男女交往頻繁，女性受教育的比例及工作收入不比男性低，在這女男平等的社會，你的觀念及做法太傳統，把自己綁住了。好友夠義氣，分你吃便當，使你免於挨餓。他對你約會堅持付帳的觀念及行為覺得無可奈何，勸你也沒用。你這麼做是自找罪受，對女友不坦誠，對本來可以發展的關係很不利。

交往初期因為不熟不好談錢，且是你主動邀約，前幾次由你付帳是自然合理的，等到雙方有多一些了解，相處感覺不錯，都想再見到對方，則可以談論約會付錢的議題。具有現代觀有獨立性的女孩應該懂的，她一定不會反對各付各的，或者輪流支付，也可以兩人每月各先繳一筆款項做公基金，交由一方保管並記帳。

雙方若有心繼續交往，約會就成為日常的一部分，應該開誠佈公。遇有特殊場合，如生日或慶祝升遷加薪等，主動提慶祝的一方可以多出點錢或全部埋單。倘若女友因此議題生氣或不理你，就顯示她比你更傳統更錯誤，感情若不能通過考驗，關係就無法繼續了。

98

想要穩定的情侶關係，又怕碰上玩咖

因為大學社團朋友的關係認識了X，想追她。我們每天都在IG上聊天，偶而會一起出去玩，幾個月後我們越來越曖昧，雖然碰面時像一般朋友，沒有太親密的互動，但在網路上會用一些比較曖昧的字眼。幾個星期前我鼓起勇氣向X表白，她回答「不知道」，讓我有點錯愕，因為我對我們的互動其實滿有把握的。

最近X來我宿舍找我，我們發生了關係，我當然很開心，但是她的一句「不知道」讓我有點害怕，我想要的是穩定的情侶關係，不是找炮友，深怕她還有別人，而且我對這份感情投入很深，很擔心自己以後走不出來，她會是個玩咖嗎？

專家來解答

你和X的友誼互動越來越頻繁，雙方其實都有意進一步發展，她似乎在等待你表白或有所行動，而你因不確定而不願有稍微親密的舉動。兩人都覺得在網路上對話比較自在，就一點一點的放電，誰也不願意承認或說破，形成曖昧關係。

當你情緒積滿時鼓起勇氣向X表白，她可能覺得心事被你看破，不好意思，基於矜持回答「不知道」，完全不如你預期，於是你開始擔心她沒看上你，但她還是跟你見面，還到宿舍找你，也不拒絕你的求歡，顯然是對你有意思。她可能是羞於或不善於表達感情，乃以行動順應。可是這樣做卻造成你極大的不安全感。

你倆真的需要好好溝通，兩個人坐下來正色聊聊關係的議題，老老實實說出你內心的真實感覺，及她那句「不知道」對你造成的衝擊，並道出你想要一份穩定關係的期望，誠摯邀請她一起來發展經營這份關係，也請她說說她的感覺及期望。如果她真的喜歡你，必會被你感動而敞開心懷與你交往。

99

當完工具人，翻臉不認人

與女友交往五年，各自努力工作及存錢，年初女友被資遣，找工作時她退掉租屋，搬去和堂姐一起住。我不但幫她搬家，還替她付了兩個月的信用卡帳單，也讓她把衣櫃、書桌和一些私人物品寄放在我住處，她新工作就任前一晚我還請她吃大餐慶祝。接下來幾個月她忙我也忙，只見過兩次。

這期間我有事心情不好，女友未給情緒支持，也從未向我為她所做的一切表達感謝。兩週前我生日她只傳「生日快樂」四字訊息。上星期我要求她還我一部分錢，她居然不接電話，還封鎖我的Line和IG，不知是什麼意思？還有我該如何處置她的私人物品？

專家來解答

女友近期的表現令你傷心失望，所以不想再對她好了，想要將她寄放的私人物品處理掉，這是否有點意氣用事？最近時間兩人都忙，少有互動，更無分享，也許是真忙，也許是藉口，感情逐漸生變倒是真的。這中間到底是誤會，如女友覺得你對她不夠關心，所以沒理你；或她不想欠你太多，所以未主動找你；抑或是她另有別人，打算逐漸與你疏遠。

你必須找到女友本人，問她近況，並問她何時可以將物品搬離。見了面，兩人話說多了，說不定誤會可以解開，那就容易處理。倘若她避不見面或愛理不理，則你要發訊息通知她在某月某日前將物品搬走，或告訴你送到某處。所有聯繫的資料文書都要存檔並列印出來，以備不時之需；還要備註，若在期限內未做處理，你會將這些物品捐贈出去，至於個人物品則可以裝箱寄到她公司或她堂姐住處。

當初你幫她付卡費，是因為她是你女友，這些錢你是要不回來的。如果是借貸，並有打借條，你就有債權，可以告她，只是這過程會很麻煩，照常理來看，交往五年的情侶變成今日的淡漠關係，應該是關係本就有問題而你未察覺。你是個好男人，或許換個女孩，你的戀情會比較正向且平衡發展。

100 得了愛情，卻失了友誼

我已經大三了還不知如何交女友，幸好也還未遇到喜歡的對象。好友H喜歡他系上的A女，三個月來苦苦追求，她卻是不理不睬，且拜託我傳話給H，說她不喜歡他，請不要繼續追求。因A女常找我聊天也一起出遊，H非常難過，越來越躲著我，我對他也十分愧疚。

我現在和A女已進展到親密關係了，同學怪罪我不該搶H喜歡的對象，但我除了愧疚就是困惑，為什麼感情有先來後到的問題，又或是朋友喜歡誰自己就盡量不去碰他喜歡的人？我不知要如何面對H，搞得裡外不是人，真不知道該怎麼辦才好？

專家來解答

朋友間要講義氣，朋友妻不可戲，而你的情況完全不同，你幫A女傳訊息給H，表明此路不通，而A女可能本來就對你有興趣，交往之後願意當你女友，這是自然的。你雖然說不知如何交女友，而你的循序漸進，讓你們自朋友之誼進展到男女之情，戀愛本來就是要這樣，雙方看對眼，然後一步一步來。

被A女拒絕後H非常失望難過，又看到她經常跟你在一起，心裡當然不是滋味，怨你「搶」了A，又不好意思跟你攤牌，只好躲著你，避免尷尬。他也是用心良苦，且特別需要安慰，身為好友的你當然很難安慰他，但可以找機會向他說明，你絕對沒有「搶」的意思，這是兩情相悅自然發生的。

愛情本來就沒有先來後到，經常有女/男孩愛上男/女友的好朋友，本來不是故意橫刀奪愛，而是發現後者更適合自己。但A女與H根本還沒開始，是H自己心裡放不下。你並沒有做錯什麼，只是基於朋友道義，不論他以後還想不想跟你做朋友，你應該鼓起勇氣跟H說清楚。感情不能光看表面，同學們不明就裡對你有誤解，以後就會明白的，你不要放在心上。

101 女友認為與前男友共度春宵是「恰當」的事

我28歲，大學畢業後找了很理想的工作，已獲升遷，交了幾個女友，直到認識F。她聰明漂亮對事業有企圖心，正合我意，我們陷入熱戀，這半年來我很快樂，雙方都有意發展長期關係甚至進入婚姻。

有天F跟我說交往四年去年分手的前男友要求見面，我說她可以去做自己認為恰當的事，後來我才發現她居然和前男友去澳門度週末。當我質問時她說雙方只是以這種形式真正告別，她愛的人還是我。

很顯然她認為與前男友共度春宵是「恰當」的事，不算背叛我。我受到驚嚇，不僅是她的行為，更是她的觀念，我懷疑我到底認識她多少？

專家來解答

你懷疑自己認識F有多少？現在終於認清了！畢竟你們才交往六個月，兩個人都是職場菁英，非常忙碌，雖是互相吸引，相處時間卻不多，了解也不夠深，就因為陷入熱戀難捨難分，才會興起結婚的念頭。事實上你們的感情基礎還未札穩，關係也還未經過考驗，而F前男友的邀約正好就是對你們關係的考驗。

F與前男友有四年的交情，不論當初因何原因分手，她顯然對舊愛難忘情。她想去見他，基於禮貌向你報告一聲，而你尊重她信任她，由她自己決定去或不去。然而你認為「恰當」的會面，卻是她與前男友去澳門雙宿雙飛，怎麼沒想想你的感覺呢？難道是激情沖昏了理智？此舉的確很傷你！

更糟的是，面對你的質問她不承認是背叛感情，而是與前男友「真正告別」，完全把你要求的「恰當」兩字拋諸腦後。她有可能在告知你，與前男友見面之前就已經和他重修舊好，腳踏兩條船，衡量之下還是想回前男友身邊，乃以澳門之行來刺激你，讓你主動提分手。無論如何，你倆不合適繼續交往，你已經看清楚她對你的不尊重，所以請不要再眷戀她，不要留她在你心裡了。

102

女友平常很貼心，但稍有不順心情緒瞬間就點燃

我倆均29歲，同公司不同部門的專員，同事兩年多，這半年開始熱戀，計劃過完年後同居。女友明白表示想結婚生小孩，但她經常無法控制自己的脾氣，卻認為只是情緒強烈些而已。我的確是比較不會表達情緒，應她要求，我盡量學著去做，但她卻無法應我要求控制情緒。

她平常很甜蜜很貼心，但只要有一點點不順心或意見不同，情緒就瞬間改變，突然大哭或尖叫，我耐著性子安慰她，但每次都是治標不治本，且每次我勸她要收斂一點，她就說我嫌棄她，或找藉口替自己辯護，我越來越不想面對她的壞脾氣了！

專家來解答

女友必定長相美麗笑容甜蜜，自交往到熱戀你付出很多感情，且因兩人相處融洽，打算發展長期關係。只是相處久了，人的本性及脾氣逐漸流露，女友生氣的次數越來越頻繁，本著愛她的心你耐心安撫，但現在你寧可她學習控制情緒，兩人保持正向互動，而不是她一生氣你就安撫的不健康互動。

你們交往才半年，激情過後你開始感受到壓力，女友對你的勸說聽不進去，還以防衛心理為自己辯護，可以感覺出她的強勢與任性。以她的個性與不成熟度，太快進入婚姻生孩子，她會發現更多事不如她意，則她情緒失控的機會會越來越多，這樣的婚姻生活品質對兩人均無建設性，且有可能翻臉成仇。

兩人相處既有感情，你也得面對現實，承認並接納兩人的不相容性。你現在面對女友的脾氣爆發已漸漸失去耐性，切不可貿然同居，更遑論結婚了。當兩人原形畢露地呈現在彼此面前時，你是比女友成熟且理性些，但也不能看在半年戀情的面上繼續安撫她驕縱她。不妨放慢交往的腳步，誠實告知女友她的問題，請她向諮商心理師求助，學習情緒控制，兩人才有發展關係的希望。如果她聽不進去，那你就得面對兩人的不合適性了。

103 她的表白我沒接受，該慢慢疏離還是把話說清楚？

和M因暑假同在墾丁打工換宿而認識，在度假村我倆都是負責準備早餐的人員，閒暇時一起和其餘打工換宿的同伴到處玩，培養了不錯的情感，也因此有了曖昧關係，開學後仍有聯絡。

但經過幾個星期的聊天後，M漸漸露骨地表白自己的心意，我卻發現自己其實並不喜歡M，打算終止這段曖昧關係，我不想傷害她，我應該冷漠漸漸遠離，還是把話說清楚讓M徹地死心，或是有其他更好的辦法？

專家來解答

因暑假打工認識，在工作場所又做同樣的工作，互相照顧支援，可接近性很高，閒暇時與同事們一起聊天出遊，分享生活點滴，很容易培養出感情。尤其兩人都還單身，且都離家在外，所以就產生比朋友還多一點的曖昧情誼。

暑假過後各自回到自己的生活環境，雖有聯絡，你卻自互動中逐漸察覺她不是你喜歡的類型，而她對你的感覺卻是有增無減，似乎快要滿出來而想向你告白。你既無意與她發展男女朋友關係，就要鼓起勇氣面對，越早讓M知道越好。

告白被拒失望是難免的，因你倆有墾丁共事的過往，M必然會傷心、難過，但長痛不如短痛，你千萬不能誤導她，讓她越陷越深，更不能逃避或冷漠以待，讓她不明就裡的悲傷與怨恨。

畢竟當初你自己也掉入曖昧的陷阱中，因此先寫一封長信告訴她，謝謝她對你的好，也珍惜曾有過的美好時光，但在規劃未來生涯的過程中，你決定先追求學業鑽研專業，暫時不想談男女感情，不忘給她送上祝福。口氣要低調誠懇，並允諾彼此還是朋友，也可以約出來見面安慰她。

104

受不了奪命連環call，我想提分手！

我們都大三，交往半年，她住女舍，我住男二舍，她常打電話給我，要我早點睡，問我去哪裡，跟誰在一起，甚至打給我室友幫忙找人，也不准我跟別的女生有太多接觸，她經常登入我的臉書查聊天記錄，控制慾十分強。

最近我真的受不了了決定要分手，一直暗示她，但是她不肯，常吵架，就是不想分手，我對她已經無感，很期待這段感情自己慢慢消逝。女友認為沒有攤牌就代表還有希望，依然每天電話查勤，我現在已經很怕她了，怎麼辦呢？

專家來解答

當初兩人看對眼開始交往，有互動才有了解。你個性溫和待人客氣，女友發威時你都順著她，把她慣壞了，她當然就習以為常。你雖不以為然，溝通未果卻也逆來順受，直到受不了了想提分手，可能話說得不夠堅決，女友一陣吵鬧後就暫時息事寧人，以致她認定你提分手只是爭執時的重話而已。

談戀愛時固然想天天黏在一起，但也要有空間與時間做自己的事，一天到晚打電話，好意問候變成惡意查勤，查看臉書或手機聊天記錄則是侵犯人權。女友是個不成熟的女孩，對男生不信任、對自己沒信心、對感情關係沒安全感，表現出來的行為就是不尊重你及你的生活。這可能與她的成長背景及個性有關，不妨勸說她去學生諮商中心做諮商，發覺自我、促進成長。

請不要迷信自然主義，感情的事不會船到橋頭自然直。你若真想分手就要果斷，把話說清楚後就不再聯絡不再見面，千萬不能拖拖拉拉。倘若已有親密關係，應立即停止，切忌床頭吵床尾和，如此女友才知道你是真心分手。一定要以和平方式分手，當面溝通，再加上郵件或Line訊息，說明為什麼不能在一起，因為各人都需要再成長，以後的新戀情才會更美好。

105 女友就是最好的朋友，失去等於一無所有

我們是同班同學，一年前成為情侶，平日幾乎所有事情都一起行動，不過也因為時間都花在彼此身上，跟其他同學的相處就很少。突然有一天我發現女友不再經常和我分享心事，總說家裡有事或是和高中朋友有約，相處時間日漸減少，因此她心情不好時我總是不知道，有時還會吵架。

無意間我在她手機裡看到一封封曖昧訊息，還有她和隔壁班C男的合照，當下我悲傷震驚淚水奪眶而出。由於女友就是我最好的朋友，失去一切的我想找回以前的溫暖，又想讓她選擇屬於自己的快樂，我該怎麼辦？

專家來解答

你說兩人無話不談，凡事一起行動，時間都花在彼此身上，與其他同學互動少，怎麼會突然發現女友不再分享心事呢？當然你倆並沒有住在一起，回家後還是有各自的時間與空間，而你認定你倆是情侶，非常信任她，不論她說什麼都相信，因此當你看到曖昧訊息與親密合照時頓時晴天霹靂。

到底是關係平穩後漸趨平淡，女友感覺有所欠缺，還是她因C男追求好奇赴約而漸生情愫，只有她心裡清楚。但她同時發展雙邊關係，對你及C男均不公平，對你尤其不尊重，還編理由為了和C男出遊，顯示她的不成熟與自私。若不是你無意間發現，她還要瞞你多久？

你是她男友，當然可以與她懇談，問清楚她是怎麼想的，也要給她一個解釋的機會。如果她真的與C男好上了，就不再是你的女友及好朋友，也不可能給你溫暖了，你也只好接受現實，讓她去追求自己的快樂，相信善良的你會有這個氣度的。倘若她坦承心猿意馬，仍願意做你的女友，就看你願不願接受，而且最好一起去找諮商心理師，談談你們感情的過去、現在與未來。

106

心儀的女孩另有男友，該自動退出還是橫刀奪愛？

大學時交了一個女網友L，因時空阻隔只見過幾次面，感覺談得來。畢業後到台北工作就比較常聯繫了，三不五時會去找她吃飯聊天，每晚也一定會跟對方視訊，有時甚至聊到睡著。

可是她有一個交往兩年的男友，她也知道我對她的情感，但還是願意跟我出去玩，也不會拒絕我有較親密的舉動，所以我更不清楚我真正的定位。我是該自動退出，還是直接表白，看能不能橫刀奪愛，又或者是在一旁徘徊？

專家來解答

大學時與L見過幾次面，你對她有好感。畢業後因地利之便，你倆開始發展友誼，隨著吃飯聊天次數的增加及視訊通話習慣的養成，她已存在在你的日常生活裡，你似乎已經愛上她了。照理說，如果是純粹好朋友，會很自然地關心彼此，分享各人生活，則L多少會談到她與男友的互動，言語之間你應該可以覺察到他們的感情程度，是牢不可破還是脆弱難續。

戀情必須是兩願的，你對L的感情快要滿出來，她不可能沒察覺，且未拒絕你的親密動作，足見她對你也是有感覺的，所以兩人搞曖昧。只是曖昧初期必然是甜蜜心癢難耐，但時間久了你會產生焦慮，L也會因已有男友的壓力，你們的相處會變得有點尷尬。因此關鍵在L，如果她認為你才是真命天子，就該跟男友坦承並提分手，結束前一段戀情，這樣對男友及對你才公平。就怕她自己也分不清比較喜歡誰，拖拖拉拉的不但傷害愛她的人，最終也會傷到自己。

你和L從未打開天窗說亮話，現在已到了澄清曖昧之情理智溝通的時候了，要以成人成熟的態度來面對此事，就算L要跟男友在一起，你也要把話跟她講清楚，再選擇打退堂鼓。

107 約會高消費全我買單，快要撐不住了！

約會一年多，女友漂亮活潑慧黠，只有一點我忍不住要抱怨。她真的很小氣，每次出去都是我花錢，偶爾她說要請客，結果還是我付了一大半。像我生日她說要去吃牛排幫我慶祝，後來還不是我全數照付。

有次她說請我看電影，散場後嚷肚子餓，結果花了我兩千多元去五星級飯店吃自助餐，因為下雨還幫她叫計程車也付了車錢。最近我被資遣，她卻自費與同事出國玩兩次，但跟我約會還是指望我付錢。我已經捉襟見肘了，不知要如何向她開口而不傷感情？

專家來解答

交往沒多久你就覺察到女友「小氣」，心裡有點不是滋味，但因互動良好感情加溫，你就故意忽視這點。但時間一久，你還是覺得她在金錢方面誠意不足，難道你沒看出她是那種「約會時男人應該替女人付錢」的女生嗎？已經交往一年了，感情理應不錯，可以說許多心裡話，你們卻從未就金錢議題，尤其是約會時的開銷溝通協商！

其實你一直在忍受女友未分擔開銷的行為，任積怨在心中滋長，一方面繼續維持感情關係，一方面卻無法處理自己負面情緒造成的心情影響。如果你不能對自己誠實，又怎能坦誠地去發展兩人關係呢？你現在處於待業狀態，正是一個好時機與女友討論約會分擔開銷的議題。

你要誠懇地向女友說，「我們交往一年了，雙方都合意，我當然想繼續發展我們的關係，只是我期待男女約會應共同分攤費用，過去大部分費用由我支付，是因為我以為妳會慢慢理解，且手頭也還寬裕。但我現在待業，金錢支出得小心，妳願意此後我們以各付各的為原則嗎？共同為我們的關係努力，謝謝妳！」如果她愛你、理解你，她會同意的，否則就會認為你小氣、計較，這段關係也就經不起考驗了。

108 年輕時未好好探索感情，該如何突破自我？

我與女友S感情算穩定，我們都25歲。其實S真的很不錯，我也很喜歡她，但我有點擔心我對她的愛不是真愛，有時候我發現自己想要過單身的生活，例如上聊天室與女生聊天，或與不同女生出遊及社交，我知道這樣對S不公平。

我們自大三就開始交往，一直是一對一的關係，但我現在很後悔這幾年未曾好好地探索，亦即去發現自己到底是什麼樣的人、要什麼，這樣的念頭及感覺正常嗎？我該怎麼做？

專家來解答

是的，25歲的年輕人有這樣的想法是正常的。如果你對目前的關係不完全感到滿意，這並非S的錯，畢竟你倆曾互相吸引且熱戀過，才能走到現在，如果你現在發現自己還未準備好完全投入，她也不能做點什麼來幫助你，這是你自己的問題。

你將自己對關係的不滿意框架到「你想要找到自己」，比較像是一個藉口。而你既然有了這樣的想法，就更無法滿足及安於目前的感情關係中。因此妳必須誠實地與S談談，聽聽她對這份關係的感覺，說不定她也正有此意。無論如何，一定要向她坦誠，對她才公平。

提出分手的確有風險，你就永遠無法確定她是否就是你的真命天女，因此請三思，不妨先去做個人心理諮商，發展自我了解，在諮商師的引導下，你會逐漸看到自己的需求，並檢視與S的感情關係，才能決定是否提分手，及分手的時機與方式。S有權知道你的心路歷程，即使她會有失落感會傷心，至少可以減低傷害。

109 女友剛與前任分手，感覺是利用我療傷

剛進大學時我喜歡上R，只是偷偷暗戀。大三上學期有了女友B，但有一天在圖書館自習時遇見R，不知不覺被她吸引，兩人認識並留下聯繫方式，之後常用通訊軟體聊天。一日R讓我去接她，見面後我們接吻了。

不久後我與B斷了聯繫，可是R剛經歷分手，情緒未穩定，感覺只是利用我做自我療傷。後來被我偶然發現她和某男一起出行的購票記錄，我的心情很複雜，該如何面對這樣的問題？如果把事情說清楚怕戀情會直接結束，如果不說，自己心裡又有疙瘩，真是困惑！

專家來解答

暗戀的滋味有苦有酸有甜，你對R有許多想像，愛慕情緒在心中積得滿滿的，但這些都是片面的，其實你對R並沒有真正的認識。明明已有女友，卻因後來有機會與R認識而通訊息，你為了一圓暗戀夢，離開原來的女友，以為R才是你的真命天女。結果交往後才發現R對你的感情遠不如你對她，她只是想抓住一根浮木，自失戀的大海游上岸，你正好助她一臂之力。

聽起來她只視你為朋友，縱使你倆接吻過，她有很多話沒跟你說，也沒很投入在經營你倆的感情關係。你的直覺是對的，但你因為喜歡她，明知這不是一份平等付出的關係，還是很渴望R能成為你真正的女朋友。

心裡有疙瘩你就不會快樂，男女談戀愛貴在真誠與尊重，且感情是不能勉強的，所以你一定要勇敢地與R溝通，告訴她你對她的感情及對這份關係的期待，並且想要知道她誠實的想法，是否願意給彼此一個機會深入交往，告訴她即使戀人做不成，也可以是好朋友，在這樣不給她壓力的情況下，讓她說出真心話，即使你的渴望成為失望，你也可以承受，因為她願意說真話也是對你真誠與尊重的表現。

110 女友想同居，我擔心失去自主空間

去年參加露營時認識學妹，很快在一起了。她很黏我，有時想做自己的事都沒辦法，最近她因校外租屋租約到期，想要開始同居生活。我對此非常反彈，擔心同居會減少太多個人時間，且她會不斷查看我的手機，尤其我常在社群軟體上追蹤許多漂亮的小模或女明星，她看到後常發脾氣甚至跟我吵架。

即便我不願意同居，仍還未直接拒絕；再者，我倆交往後因為「幸福肥」，兩人都胖了10幾公斤，想叫她跟我一起減肥，只是一提起減肥她就非常生氣。請問該怎麼跟她說現階段不想同居？又該如何說服她一起減肥？

專家來解答

年輕人彼此看對眼後，跳開朋友階段，都還未認識足夠就迅速進入男女關係，的確是有風險。熱戀總是美好的，但激情會逐漸冷卻，感情卻可以逐漸加溫，你倆目前正是朝著這個方向前進。女友因為個性黏人，想趁租約到期後搬來與你同住，既可以天天黏著你，又可省去另找房子的麻煩，卻給你帶來了難題。

大學時代就同居的確早了一點，兩人天天在一起，過著半婚姻的生活，有金錢、性及家務事要磨合，還有個人功課的壓力，就會減低與同學互動的機會，包括參加社團、討論功課等，最重要的還是失去自己獨處的時間與空間，這正是你目前的顧慮。你的心理還未準備好同居，女友雖然想同居但心理上也未必準備好，因為你倆的感情其實還未達那個層次，最好是老實誠懇地與女友溝通。

兩人都還年輕，不同住還是可以天天見面，彼此應該多過各自的生活，探索外面的天地，學習人際關係，並為畢業後的未來做準備。至於減肥計畫，別無他法，只能運動與注意飲食。不妨找兩人共同喜愛的運動，邀她陪伴你每天運動，還可避免大吃大喝，健康又不著痕跡地實行減重計畫。

111

相隔兩地怎麼談戀愛？我覺得自己是備胎

三個月前在交友軟體上認識N，聊得很開心，她說一個月後要搬到台北，但目前很想有個性伴侶。本來是想約炮，卻在交往兩週後她說愛上我了。起先我很詫異，因為太快了，但她拖延搬去台北的時間與我在一起，我也覺得自己愛上她了。

這期間她因工作關係上台北兩次，都和前男友見面。是她不小心說漏嘴，我不高興，她解釋在她最困難之時前男友曾幫過她，所以必須見他，但她愛的人是我。

上個月她終於搬去台北了，還住到前男友家。上星期她回高雄，在我住處住了兩晚，嘴上還說愛我，但我覺得自己根本就是備胎，相隔南北兩地怎麼談戀愛？

專家來解答

你覺得N與你的交往像是在發展一段認真的感情關係嗎？想想你們是如何相識的？當時她只想在她離開高雄前找個性伴侶殺時間，單純的你也覺得玩玩沒關係，乃一拍即合，極盡性樂。而後N一直是以自己的喜好及來去自如來操縱你，你雖然有開心的時候，卻也摻雜失望與無奈。

其實一開始她就不避諱讓你知道她是什麼樣的人，表明「我要約炮，我快離開高雄，所以不會纏上你！」很多男人會因此上鈎，你就是其中一位。而台北那位到底是前男友還是新男友？很難說，搞不好她也利用你來操縱台北的男友。

無論如何，N嘴上說愛你是灌你迷湯，台北高雄兩地搭高鐵才一個多小時，如果是真愛，大可規劃遠距戀情，而不是住在男人家裡，偶爾回到高雄跟你親熱兩天。她只是想維持炮友關係找樂子，又怕你不願意，所以假意說愛你，你對N只是迷戀及性享樂，兩人完全沒有感情生活的基礎，也無未來展望，還是趁早擺脫備胎，做回自己吧！

112 興趣不同調，即使陪她也意興闌珊

我倆是社會新鮮人，剛進公司互相支持關心，在辦公室互動良好，逐漸產生情愫。但下班後的相處模式大有不同，她喜歡遊山玩水，享受浪漫氣氛；而我則比較喜歡安靜的生活，吃飯唸書，偶爾去唱歌喝酒，不太喜歡去人多的地方或跑很遠。

我們為此溝通過，最後她說服了我，我覺得我該適當的妥協，偶爾陪她出去玩。但往往陪她的時候我也意興闌珊，實在對那些活動沒興趣，常想趕快結束走人，導致她不甚盡興，當然就不開心。該怎麼辦才好？

專家來解答

上班互動以業務為主，比較規律性，近水樓台也相互支援，好感越來越增加，想要多相處多了解對方，乃展開下班後互動。個人的個性、喜好在兩人分享的時間和活動中逐漸顯露，你才發現和女友大不相同，造成個人內心與人際間的困擾。

女友生性好動，喜歡熱鬧場合及參加大型活動，又注重浪漫氣氛，起初你因喜歡她，對她好奇也對她喜歡的事物感到新鮮，順應她的喜好，但這些約會方式令你覺得嘈雜煩累，不開心。你是明理人，也尊重女友，所以溝通後妥協了，卻仍無法適應，表示你倆的生活方式及人生哲學有很大的差異，她愛玩好動，而你好靜愛唸書，除非兩人互相尊重並妥協，否則單一方妥協是很痛苦的。

女友覺得好玩，你卻了無興致，她一定會不高興，你心裡也不痛快，所以一定要誠實地分享你的感覺。告訴她你溝通過妥協過也儘量配合，但真的不覺得開心。如果兩人對彼此喜歡的事沒興趣也不想配合，那還是先保持同事之誼當朋友吧！先恢復到沒進入對方生活之前的生活方式，趁機冷靜一下，思考彼此的合適性。如果真的喜歡對方，則雙方都要有所改變，可以再試試看，但要知道磨合必須付出極大的愛心、耐心及時間。

113 劈腿後女友負氣離去，該怎麼挽回？

我和女友B是交往已久的大學情侶，但某天我在社團結束後，耐不住同社團C的誘惑，一起吃晚餐送她回住處後就發生了關係，她愛慕我已久，她的熱情給我很大的衝擊。後來有一次我甚至在與B吵架後約C到自己的住處「發洩」，C之後也自己找上門三次。

終於某一天，B發現我和C的關係，決意要分手。失去B後，我繼續與C交往了一個月，覺得C完全比不上B，所以不再與C來往了。這種情況我該如何挽回B呢？

專家來解答

大學時交男女朋友是風尚，但戀情不見得會長久，經常會有劈腿與分手的情形，你也不例外。可能你還不知道自己喜歡哪一型的女生，也還未形塑自己理想的戀愛藍圖，很快就與B成為情侶。剛開始雙方都很投入，感覺良好，也維持穩定關係。但可能就是因為太穩定、太習慣於彼此了，所以你對C的誘惑動心，於是順著自己的情慾發展，有了肉體關係且回味無窮。

情侶間的互動必定是有問題才會吵架，你未思量如何與B言和，一起來面對與處理問題，反而去找C女發洩，這是衝動且不負責的行為。C愛慕你，自然趁機抓住你，兩人沉浸在性歡愉中。B必感覺你言行有異，當她發現自己被劈腿後傷心憤怒，第一個反應當然是分手，你固然若有所失，卻繼續與C糾纏不清。

你當初還未認識C很多，就一頭栽進肉體關係，缺乏感情基礎，當性愛的新鮮感過去後，你感覺與C無法心靈契合，因為她根本不是你喜歡的類型，不想勉強自己跟她交往下去。這樣做是對的，至於被你傷透心的B，你當然可以向她懺悔要求復合，但得看她療傷的狀況、個性的堅忍度及你的運氣。希望你自此三角關係中學到教訓，以後謹慎交友，且要信守愛情承諾。

114

談感情像坐雲霄飛車，激盪也煩心

女友是我的初戀，剛開始時激盪甜蜜，我非常享受浪漫關係。交往了四年，現在也有羅曼蒂克時刻，卻常為許多歧見爭吵，弄得很不愉快，好像在坐感情的雲霄飛車，上上下下。

由於只交過這個女友，我無從比較，是因為女友的問題，還是初戀注定會分手？每個人都說維持感情很辛苦，所以這種情況是正常的？還是我過於自我陶醉在過去的浪漫時刻中？

專家來解答

生活中有很多現實的大小事，會逐漸啃噬甜蜜的感情，例如缺錢、工作壓力、交友狀況等，但如果兩人感情基礎穩固，美好的感情不應該很快流失，尤其你倆是單身，還在談戀愛。除非是個性不好，當初太快投入關係，現在才看出彼此的不相容性，卻又捨不得四年初戀的感情。

情緒經常起伏對感情關係並非好現象，激烈的爭吵會蓋過甜蜜的時刻，而感情關係需要經營才能穩定。要解決你們的問題，前提是你們願意努力磨合，適應彼此，初戀不是一定會分手，但常因為缺乏逆境相處經驗，不知如何溝通及處理，以致感情由濃轉淡，導致結束。

浪漫的感覺在愛情關係中不可缺，會讓雙方覺得完美而幸福，多少的委屈與擔心都在彼此的撫慰中得到釋放。即使是成熟的人也會經歷感情的波折或不順，智者就會學習彼此溝通與適應，而不是怪罪別人或質疑自己。勸你在初戀關係中再努力一下，先確定兩人的合適性，感情關係是無法比較的，只有舊的關係結束才能開始新的關係，你也要知道，每段關係都是兩個不同人的組合，所以內涵及感覺都不相同。

115

女友愛亂發脾氣，我覺得委屈、不堪其擾

我與J交往快四年，她一直都很依賴我且喜歡黏著我，她以前很溫和，但不知為何最近幾個月常因小事鬧脾氣，甚至大發雷霆，若不馬上安撫她會更生氣並指責我，有時安撫也不一定有效。事後她會說是因為經期或因沒睡飽。她自己也有意識到這個問題，但似乎很難控制，總是想對我發脾氣（對朋友不會），且時常放大檢視我的言行。

另外，她發完脾氣後會反省，但類似情形還是一再重演。我也盡量包容，盡力達到她的要求，所以不是常有紛爭，只是我覺得很委屈、不堪其擾，偶爾還是會大吵一架。不知她為何會這樣，明明離不開我卻時常不由自主地對我發脾氣？

專家來解答

交往四年，原本相處愉快，相安無事，近幾個月女友卻性情大變，經常對你發脾氣，因為沒跟她本人對話或詢問狀況，無法得知何種心理因素或社會心理因素導致她的變化。經期或未足眠並非合理的原因，或許四年的感情太穩定，已平淡化，她開始找碴；或者她的本性流露，因缺乏安全感而希望你事事依她，稍不順心就指責或爆發。你還真好脾氣，每次都儘量安撫，而她似乎不夠貼心，無法感受你的愛心與耐心，難怪你會覺得委屈，越來越不能忍受。

女友顯然心中有事，情緒積壓，不知如何表達或宣洩，當然不敢隨便對人發作，而你是她身邊最親近的人，她就隨時因小事而爆發情緒，越常如此就越難控制。好在女友也自覺到問題，只是每次發完脾氣再反省，次數多了就成儀式化，你接收到的誠意就少了。為了兩人感情回溫，溫馨相處，不妨勸告或陪同女友一起去做心理諮商，學習情緒管理，尤其怒氣控制，若不求改進，則這段關係前途堪慮。

116 不知道怎麼哄女友，她煩我也煩！

跟V交往半年了，她生氣或不開心時我不知道怎麼哄她（不管是自己或別人惹她生氣），我把能想的方法都試過了，甚至也查網路上的方法，都差不多，也都沒效。V有個前任，我不知他有沒有成功地哄過V開心。

她曾跟我說，從以前到現在她都是自己消化情緒的，所以自己也不知道要怎麼被哄才會開心。偶爾她會不經意的跟我說我都沒辦法哄她，她都得自己處理情緒。可能有一點心理不平衡吧！因為我不管再生氣，V都能哄得好，所以V只要講到這個我就很自責，我真的不知道怎麼哄女友，這種狀況該怎麼解決呢？

專家來解答

男女朋友間不應該靠「哄」來經營感情關係，你必定很愛女友，不捨得她生氣，一心想討她歡心，所以努力上網找方法，但試過都無效，原因何在呢？這是因為你沒有對症下藥，「哄」的手段或方法不是以一種方法應百種狀況，而是要先了解女友不悅或生氣的原因。

女友是那種受嬌寵一不順心就生氣的女孩，還是有些事未達她期望而不高興？又或者你做了什麼令她不開心的事？兩人交往才半年，對很多事情的認知及處理不見得有共識，難免會有歧見或衝突。你們應該針對某一衝突做深入溝通，努力協商出雙方都能接受的結果，口氣要和緩，態度要溫順。如果錯是在你，一定要賠不是，並說些投她所好且誠懇的話。

你說女友總能把你哄開心，仔細回想是在何種情況下，她是如何做到的。她提過和前男友交往時也都是自己處理情緒，足見她很在乎彼此的情緒表現與融合，不妨開誠布公地告訴女友，你很在乎她的情緒，也一直在學習「哄」她開心，但總覺得自己做得不好，很想與她交換心得，了解她更多的喜怒哀樂。誠實的表達與誠懇的溝通會促進感情融洽，讓雙方都更成熟，以減少「哄」的機會。

117

想跟喜歡的男生告白，不想留下遺憾

上大學後我發現自己喜歡上一個男生朋友，由於高中時交過女朋友，所以不曾思考過自己可能是同性或雙性戀的事情。不過我覺得自己真的很喜歡這個男生，很想跟他在一起。但他看起來不像是也會喜歡男生的那種類型，我真的不想給他帶來困擾，覺得就算沒辦法在一起，起碼也能當好朋友。

可是在此同時，我又希望至少能讓他知道我的心意，不想給自己留下「曾經逃避」的遺憾。我到底該認真衝一波去向他告白，還是自己默默把感情藏好就好？

專家來解答

青少年期開始對感情關係感興趣是正常的，由於在異性戀為主流的環境中長大，很自然會想和別人一樣交女朋友，並不表示你一定就是異性戀。同樣地，你現在對男生感興趣，也不見得就是同性戀或雙性戀。金賽博士說人的性導向一生都可能在光譜（同性戀與異性戀）的兩端遊走，尤其你很年輕，正值探索時期。

從你的提問可看出你目前面臨兩個重大議題，即探索自己的性導向及是否要向所愛慕的男生告白。當對某人有好感與愛慕之情堆積得很滿時總是很想告白，但不能預判對方的反應會如何，可能有以下四種情形：1.恐同症，被嚇到了；2.客氣地表明自己喜歡女生；3.自己也是同志，但你不是他的菜；4.一拍即合。也就是說你只有不到四分之一的機會能如願。

至少他目前還是你朋友，如果你貿然告白，只怕連朋友都做不成了。建議你目前先停留在這份友誼中，先觀察一陣子他是否是異性戀者；同時你可以去諮商輔導中心找諮商心理師談談，多了解自己對異性/同性感覺的發展歷程，探索自己的性導向，進而接受它，也就是接受自己。唯有先愛自己，你才會遇上愛你的人。

國家圖書館出版品預行編目資料

難搞的愛情不難懂：資深婚姻諮商/伴侶治療專家解答她與他的煩惱 / 林蕙瑛著. -- 初版. --
新北市：金塊文化事業有限公司, 2023.05
256面；15 x 21公分. -- (智慧系列；15)
ISBN 978-626-96257-6-5(平裝)
1.CST: 兩性關係　2.CST: 戀愛
544.7　　112005586

智慧系列15

難搞的愛情不難懂——資深婚姻諮商/伴侶治療專家解答她與他的煩惱

金塊文化

作　　者：林蕙瑛
發 行 人：王志強
總 編 輯：余素珠
美術編輯：JOHN平面設計工作室

出 版 社：金塊文化事業有限公司
地　　址：新北市新莊區立信三街35巷2號12樓
電　　話：02-2276-8940
傳　　真：02-2276-3425
E-mail：nuggetsculture@yahoo.com.tw

匯款銀行：上海商業銀行 新莊分行（總行代號 011）
匯款帳號：25102000028053
戶　　名：金塊文化事業有限公司

總 經 銷：創智文化有限公司
電　　話：02-22683489
印　　刷：大亞彩色印刷
初版一刷：2023年5月
定　　價：新台幣360元　港幣120元

ISBN：978-626-96257-6-5（平裝）